# O pedido de desculpas

EVE ENSLER

# O pedido de desculpas

*Tradução*
Gilson César Cardoso de Sousa

**Editora Cultrix**
SÃO PAULO

Título original: *The Apology.*
Copyright © 2019 Eve Ensler.
Publicado mediante acordo com Bloomsbury Publishing Inc.
Copyright da edição brasileira © 2020 Editora Pensamento-Cultrix Ltda.
1ª edição 2020.

Todos os direitos reservados. Nenhuma parte desta obra pode ser reproduzida ou usada de qualquer forma ou por qualquer meio, eletrônico ou mecânico, inclusive fotocópias, gravações ou sistema de armazenamento em banco de dados, sem permissão por escrito, exceto nos casos de trechos curtos citados em resenhas críticas ou artigos de revistas.

A Editora Cultrix não se responsabiliza por eventuais mudanças ocorridas nos endereços convencionais ou eletrônicos citados neste livro.

Excerto de "The Naming of Cats" de *Old Possum's Book of Practical Cats* de T.S. Eliot. Copyright © 1939 T.S. Eliot e renovado em 1967 por Esmé Valerie Eliot. Reimpresso com permissão da Houghton Mifflin Harcourt Publishing Company. Todos os direitos reservados.

Excerto de "The Naming of Cats" de *Old Possum's Book of Practical Cats* de T.S. Eliot. Reimpresso com permissão de Faber and Faber Ltd.

**Editor:** Adilson Silva Ramachandra
**Gerente editorial:** Roseli de S. Ferraz
**Preparação de originais:** Adriane Gozzo
**Produção editorial:** Indiara Faria Kayo
**Editoração eletrônica:** S2 Books
**Revisão:** Luciana Soares da Silva

**Dados Internacionais de Catalogação na Publicação (CIP)**
**(Câmara Brasileira do Livro, SP, Brasil)**

Ensler, Eve
O pedido de desculpas / Eve Ensler ; tradução Gilson César Cardoso de Sousa. -- São Paulo : Editora Pensamento Cultrix, 2020.

Título original: The apology
ISBN 978-85-316-1561-0

1. Cartas - Aspectos psicológicos 2. Literatura Norte-americana 3. Memórias 4. Meninas - Condições sociais 5. Meninas - Psicologia I. Título.

20-32591 CDD-813

**Índices para catálogo sistemático:**
1. Memórias : Literatura norte-americana 813
Maria Alice Ferreira - Bibliotecária - CRB-8/7964

Direitos de tradução para o Brasil adquiridos com exclusividade pela
EDITORA PENSAMENTO-CULTRIX LTDA., que se reserva a
propriedade literária desta tradução.
Rua Dr. Mário Vicente, 368 – 04270-000 – São Paulo – SP
Fone: (11) 2066-9000
http://www.editorapensamento.com.br
E-mail: atendimento@editorapensamento.com.br
Foi feito o depósito legal.

Para todas as mulheres que ainda esperam por um pedido de desculpas

Estou cansada de esperar. Meu pai morreu há muito tempo. Jamais me dirá as palavras que quero ouvir. Não se desculpará. Portanto, a desculpa deve ser imaginada. Pois é com a imaginação que podemos sonhar além dos limites, mergulhar na narrativa e planejar finais alternativos.

Esta carta é uma invocação, um chamamento. Tentei fazer com que meu pai conversasse comigo a seu modo. Embora eu tivesse escrito as palavras que precisava ouvir dele, tive de abrir espaço para que ele falasse por meu intermédio.

Há muita coisa sobre meu pai, sua história, que ele nunca me contou, de modo que também isso sou obrigada a evocar.

Esta carta é uma tentativa de despertar em meu pai a vontade e as palavras que cruzem a fronteira para ele se desculpar e eu poder finalmente ser livre.

Querida Evie,

Como é estranho escrever a você! Estou lhe escrevendo do túmulo, do passado ou do futuro? Escrevo como você, como você gostaria que eu fosse ou como realmente sou de acordo com meu limitado entendimento? E isso importa? Estou escrevendo em uma língua que nunca falei ou entendi, que você criou em suas duas mentes para estreitar a distância, as falhas de conexão? Talvez eu escreva como de fato sou, tal qual fui libertado por seu testemunho. Ou então não estou escrevendo, apenas sendo usado como veículo para atender às suas próprias necessidades e à sua versão dos fatos.

Não me lembro de ter-lhe escrito uma carta. Raramente escrevo cartas. Para mim, escrevê-las, ir ao encontro dos outros, seria sinal de fraqueza. As pessoas me escrevem. Eu jamais as deixaria saber que as acho importantes o bastante para escrever-lhes. Isso me diminuiria, me poria em desvantagem. Até lhe dizer isso soa um tanto absurdo. Não é o que eu normalmente saberia ou diria, a menos que você entrasse em minha mente. Mas não discutirei isso. Trata-se de uma verdade.

Você sempre me escreveu cartas. Acho isso bizarro e estranhamente comovente. Morávamos na mesma casa, mas você me escrevia, a caligrafia infantil tentando traçar linhas retas, mas vagueando pela página. Era como se tencionasse entrar em contato com algum aspecto meu, uma parte que não poderia encontrar nos momentos mais acirrados de nosso conflito, ou procurasse, por meio da poesia, apelar para um eu secreto, posto por mim à sua disposição. Em geral, você escrevia cartas se desculpando; portanto, é natural que agora deseje receber de mim uma carta de desculpa. Você vivia pedindo desculpa, pedindo perdão. Eu a reduzi ao mantra diariamente degradante do "sinto muito".

Certa vez, mandei-a para o quarto sem jantar e ordenei que ficasse lá até entender e admitir seu mau comportamento. Você, de início, ficou mal-humorada, em silêncio por vinte e quatro horas. Sua mãe ficou preocupada. Mas então você deve ter sentido fome ou tédio. Escreveu-me uma carta em um pedaço de papelão que veio da lavanderia com minhas camisas. Deslizou-o por baixo da porta do meu quarto. Era um pedido dramático. Uma lista. Você sempre foi ótima com listas. Percebo agora que precisava catalogar as coisas, entendê-las por meio de uma espécie de aritmética literária.

Foi uma lista daquilo que você aprendeu e daquilo que nunca mais voltaria a fazer. Lembro-me de que "mentir" era o primeiro item. Você nunca mais mentiria. E eu sabia, vigiando-a o tempo todo e fazendo-a acreditar que fosse uma mentirosa desprezível, que era a garota mais honesta de todas as que eu conhecia, embora não conhecesse muitas. Desprezava crianças. Crianças eram barulhentas, bagunceiras e malcriadas. Achava-me um pouco velho para ter filhos e só os tive para que se encarregassem de meu legado. Mas estou divagando. Aquela carta no pedaço de papelão, escrita às pressas com pincel atômico roxo e florzinhas nas margens, tirou-a do quarto – e hoje me pergunto se foi por isso que continuou a escrever, como uma espécie de passaporte para a liberdade.

Desde que deixei o mundo dos vivos, vim parar em uma zona das mais debilitantes. É mais ou menos o que as pessoas dizem a respeito do limbo: o vazio, o esquecimento. O limbo não é bem um lugar externo. Na verdade, tenho estado praticamente em lugar nenhum: flutuando à solta, girando... Não há nada aqui, nada para ver, nem árvores, nem oceano, nem sons ou cheiros, nem luz. Não é um lugar tal qual se concebem os lugares: é sem arrimo, sem nada onde segurar. Nada além de um reflexo do que vive dentro de mim.

"O que é o inferno? O inferno sou eu."

Isso é Eliot. Talvez você não saiba que ele foi meu poeta preferido. Suas palavras, muitas vezes, me ocorrem aqui neste limbo. Tenho girado durante quase trinta e um anos (pelo tempo de vocês), mas tudo é estranho, porque aqui o tempo não existe. Existe apenas um vazio aflitivo, um espaço devorador que ora parece horrivelmente vasto, ora desesperadoramente claustrofóbico.

Saí do mundo dos vivos com muitos ressentimentos e rancores. Mesmo no leito de morte, a virulência do meu ódio era mais forte que o câncer que consumia meu corpo. Um ódio tão pernicioso que conseguiu vencer a morfina e o delírio, capacitando-me a conceber e a encenar meus castigos finais. E sua pobre mãe? Que poderia ela fazer? Aterrorizei-a por tantos anos, agredindo-a com meus gritos, minha condescendência e minhas ameaças que ela já não passava de uma cúmplice acovardada e fiel. Tentou me animar. Disse que talvez aquele não fosse o momento de tomar decisões tão extremas. Fez de tudo, exceto dizer que eu havia perdido a lucidez.

Meus últimos pensamentos e suspiros estavam repletos do desejo de ferir, de provocar sofrimento sem fim. É provável que não saiba, mas no instante derradeiro pedi a ela que tirasse você do meu testamento. Você não herdaria nada. "Nada!", eu disse com grande ênfase. Pois não é que, mesmo naquele estado de imensa fraqueza, essa vingança me deu vida? Foi minha última oportunidade de aboli-la, erradicá-la, puni-la.

E, quando sua mãe me implorou que reconsiderasse, respondi que você era a culpada. Por que deixar algo a uma menina que fora tão teimosa e desleal? A objeção de sua mãe me enraiveceu ainda mais e me tornei mais vingativo, tentando apagar até seu caráter. Obriguei-a a prometer que, não importava o que você lhe contasse depois de minha morte, ela jamais lhe daria crédito, como se já estivesse estipulado havia anos que você era uma mentirosa deslavada. Mentirosa. Forcei sua mãe a desconfiar e a duvidar de você para sempre. Nesse sentido, obriguei-a a "matar" você, tal como eu a matara. Fiz com que escolhesse entre o marido e a filha. Não foi nenhuma novidade: ela tinha prática nesse sacrifício. Eu havia pedido isso à sua mãe praticamente desde que você nascera. E sabia, realmente sabia quanto ela desprezava a si mesma por concordar com isso. Tinha consciência do modo como, ao longo dos anos, fui destruindo seu autorrespeito como mãe, sua confiança e sua voz, fazendo-a se sentir fraca até não conseguir mais se suportar ou, mesmo de longe, se reconhecer. E ainda assim insisti.

Passei o primeiro dos aparentemente muitos anos neste reino da morte remoendo todas as deslealdades e os desapontamentos, todos os modos com que colegas, filhos e pretensos amigos haviam encenado sua estupidez e sua fraqueza, rememorando toda antipatia justificável e planejando vinganças imaginárias. Você, é claro, estava no topo da lista.

Deixei o mundo tão furioso com você que a castiguei me recusando até a deixá-la perceber que estava morrendo. Não a chamei para dizer adeus. Queria que ficasse ferida e sangrando com os cacos de minha ira, para ser obrigada a me carregar consigo, esvaindo-se em culpa e desespero, perguntando-se pelo resto da vida por que nunca estivera à altura, por que nunca fora a filha que eu esperava que fosse.

Empenhado em deixá-la sem desfecho nem finalidade, sequer planejei ou permiti um memorial ou um funeral. Achava isso uma exibição mesquinha e patética do absurdo e da emoção inútil. E mais: se você me pranteasse, havia grande possibilidade de que se soltasse de mim. Ora, essa amarra era o único poder de que eu dispunha àquela altura, a única maneira de me apropriar do seu ser, a única maneira de chamar sua atenção e conservá-la.

Poucos dias depois de morrer, antes de entrar nesta esfera, espiei-a sentada no chão de meu *closet* na Flórida, com minha velha blusa amarela de lã pressionada contra o rosto. A princípio, não entendi o que você estava fazendo, mas então reparei melhor e percebi que me cheirava, cheirava meu resíduo, minha colônia e minha essência na tentativa de encontrar um lugar onde esconder sua dor. E, a despeito de mim mesmo, isso me tocou. Levou-me de volta a um tempo bom entre nós, um tempo protegido por uma afeição quase insuportável. Você, ali no chão do meu *closet*, tentando me encontrar, tentando recuperar aquela ternura, provocou em mim uma onda de tristeza e perda – depois, parti. Parti do seu mundo, parti da beleza, parti da possibilidade de salvação. E mergulhei no torvelinho desenfreado das queixas e ofensas.

Dizem que se deve morrer como se viveu. E não escondo que, com o tempo, minha fúria se tornou letal. "A ira é um veneno que você prepara para seu amigo, mas que você mesmo acaba bebendo", costumava advertir-me minha mãe, pois eu estava sempre inexplicavelmente enraivecido. Então minha ira mudou de direção, todo o meu sistema apodreceu e destilou um pavor odioso. Foi como se ela se voltasse para dentro de si mesma, devorando e sufocando minha psique angustiada em um atropelo de arrependimentos, ansiedade aflitiva, dúvidas pungentes e autorrecriminação torturante. Não havia ida. Não havia volta. Não havia saída. Eu não tinha nem palavras nem vontade ou entendimento para me livrar e fiquei paralisado nesta zona de limbo.

Sim, eu era um cínico: achava a vida após a morte uma bobagem. Mas o que realmente sabia sobre fosse lá o que fosse? E sequer chamaria isto aqui de vida após a morte. Não é um "após", mas, sim, uma continuação. Por isso, a morte é terrível e sem fim. Ou talvez minha morte o seja. Suponho que os bons propósitos de outros os elevem a esferas mais radiantes.

Se alguma coisa aprendi aqui – e foi difícil, pois meu cérebro está conspurcado de cólera –, se alguma coisa descobri é que devemos solucionar os conflitos em vida, pois todos os assuntos não resolvidos nos seguem à próxima esfera e determinam nosso estado de ser. Todo mal que infligimos quando vivos e todo dano de que não assumimos a responsabilidade se tornam uma espécie de "grude espiritual" de baixo nível vibratório, uma substância viscosa astral que constrói nosso confinamento. É uma jaula, mas uma jaula interior, ainda mais impossível, ainda mais angustiante. Ficamos presos a nós mesmos, sugados para dentro da lama da eterna auto-obsessão. Podemos gritar, mas o lodo é denso demais para permitir a passagem da voz. Não há sossego.

Portanto, obrigado, Eve, por me chamar, por me oferecer esta oportunidade de encarar meus atos horríveis. Sei muito bem que não há garantias de que vá ser libertado deste limbo pavoroso; entretanto, sua disposição a aceitar minha desculpa já modificou o cenário de desespero em que me encontro.

Noto que você sabe bem o que quer. A profundidade, a sinceridade e a necessidade de sua missão são evidentes e intensas. Compreendo que deseje ouvir minhas desculpas. Devo dizer que esse é um terreno desconhecido e pouco natural para mim. Não me lembro de ter pedido desculpas por nada. Na verdade, estava enraizada em mim a noção de que, se fizesse isso, exporia minha fraqueza, me tornaria vulnerável.

Imagino que essa vulnerabilidade seja exatamente o que você quer de mim. Talvez tenha sido aquilo de que sempre precisou. Farei o possível para não justificar nem racionalizar minhas ações. Diferentemente, tentarei fazer uma lista de meus atos e intenções, cujo objetivo não será obter compreensão ou perdão. Farei uma confissão no sentido mais profundo da palavra. Trata-se, evidentemente, de algo que eu preferiria manter oculto de você, de

Deus, de mim mesmo. Mas chegou a hora de fazer esse acerto de contas sem reservas, sem justificativas.

Perguntei a mim mesmo: "O que é uma desculpa? Uma humilhação. Uma admissão de erros e uma rendição. Um ato de intimidade e conexão que exige grande autoconhecimento e perspicácia". Com toda a probabilidade, ficarei aquém das expectativas.

As desculpas exigiram tempo. Eu não podia me apressar. Felizmente, adquiri aqui alguma prática em reviver e remoer meus crimes, reencenando mentalmente os detalhes. Sei que, em sua opinião, uma desculpa tem de ser exaustiva e só ganha credibilidade quando verídica e atenta aos detalhes. Dei o melhor de mim. Segui de perto sua orientação: reconhecer que meu comportamento foi criminoso, encarar o fato de que minhas ações e violações afetaram e devastaram você profundamente. Vê-la como ser humano. Tentar compreender ou vivenciar o que tudo isso significou para você. Sentir remorso profundo e lamentar o que fiz. E, por fim, assumir a responsabilidade por meus atos, esforçando-me para descobrir o que me induziu a agir dessa maneira.

Nesta carta, precisarei retornar às raízes do meu comportamento. Serei tão honesto quanto uma pessoa outrora dissimulada possa ser. Procurarei não mostrar autopiedade nem ficar na defensiva, pois sei que isso não esclarecerá nem resolverá nada.

A maioria dos vivos não acredita que esteja em contato com os mortos. Eu era um deles, alimentando a ilusão, ou talvez a esperança, de que o que passou, passou. De que, como criaturas de carne e osso, morremos, apodrecemos ou somos cremados, desaparecendo no éter.

Os mortos anseiam pelos vivos. Só por meio destes, de sua imaginação esplêndida e de sua empatia, aqueles acabam por se conhecer e se libertar. E, se os vivos quiserem e conseguirem retomar seu amor pelos mortos, recuperar seu ódio aos mortos, relacionarem-se e dialogarem francamente com os mortos, os mortos se erguerão e falarão. Permanecemos alojados, escondidos no seio de nossas famílias e entes queridos, a quem ferimos e protegemos. Estamos ali, no interior das paredes das velhas casas e no silêncio das noites, nos momentos festivos, nos ritos e rituais de nascimento, casamento e funeral, em qualquer lugar onde os vivos clamam pelo testemunho e a aprovação dos mortos. Ficamos ali como uma célula adormecida na corrente sanguínea, esperando para sermos catalisados pela devoção dos vivos, pela necessidade que estes têm de entender e obter uma solução. Ali, animados pela generosidade dos vivos a rememorar, a valorizar, a discutir, a brigar e a reconstruir.

Não é de surpreender, Evie, que tenha sido você a me chamar de volta. Você, que queria e podia conter minha tristeza e minha angústia quando eu sequer conseguiria chegar perto disso, enxugar minhas lágrimas quando eu tinha os olhos secos, insistir em conhecer a essência de uma alma que eu traíra.

Estou certo de que ficou surpresa ao descobrir que posso escrever e, mais ainda, ao notar meu estilo e minha linguagem. Francamente, também fiquei. Penso que são mais formais e emotivos do que você esperaria. Mas o que não sabe (ou talvez saiba, no íntimo) é que eu quis ser escritor. Escritor ou rabino. Sonhei com uma vida solitária de meditação, estudo e reflexão, uma vida de filosofia e exame de problemas difíceis envolvendo forma e conteúdo.

Sonhei, de muitas maneiras, com a vida que você viveu. E, se me consolo um pouco ao examinar as consequências de meus atos deploráveis, às vezes imagino que, talvez, foram meus sonhos abortados que a dominaram e inspiraram seu destino. Isso não é uma tentativa de exigir o crédito pelo que você é ou se tornou. Você fez sua própria vida, cada centímetro dela. E, bem sei, muito do que é não tinha nada a ver com construção, mas com reconstrução, no afã de reunir os fragmentos de si mesma que eu, violenta e estrategicamente (com consciência ou não), pulverizei e espalhei. Estou tragicamente ciente de quem você teria sido – confiante, segura de sua memória e inteligência, feliz, viva dentro do corpo. Percebi quem você era antes de preparar minha destruição.

Sem dúvida, por isso precisei magoá-la profundamente, deixá-la de joelhos desde o início. Não podia deixar que você se adiantasse para me apresentar como a fraude e o fracasso que eu era. Mas talvez – apenas talvez – um pouco de minha ânsia tenha passado para você. Sabia que pensei em estudar a Torá? Minha grande ambição era entregar-me de corpo e alma a esse texto, sacrificando-lhe a própria vida.

Não tencionava ter esposa nem filhos, motivo pelo qual só fui me casar aos 50 anos. Resisti quanto pude na esperança de uma intervenção milagrosa que mudasse meu caminho e assegurasse a realização do sonho de uma vida sepultada por trás da que eu tive. Não me interessava nem um pouco por pessoas. Elas me aborreciam e desapontavam, ao passo que livros e ideias me serviam de alimento e inspiração. No fundo, eu era um recluso e um investigador forçado, nos anos 1950, a um casamento com uma esposa do Meio-Oeste, três filhos, um Cadillac verde-escuro e uma fábrica de sorvetes para administrar. Que absurdo!

Portanto, obrigado. Seu apelo e sua presença interromperam a espiral, e, pela primeira vez em trinta e um anos, a dor e a tortura deram uma pausa. Por esse descanso, embora apenas momentâneo, sou profundamente grato. Que estranho! Nunca me senti agradecido por nada. Não me lembro sequer de ter pronunciado essa palavra. Por que iria agradecer a alguém quando o mundo inteiro se insurgia contra mim? Muito pelo contrário, o mundo é que deveria ser grato por minha existência.

Meu direito, o direito divino dos reis, veio de minha mãe, que em tudo era uma autoridade tão presente, formidável e confiável quanto a de Deus. Era bonita e muito rigorosa.

Eu era o filho mais novo, nascido bem depois dos outros, claramente não planejado, mas indubitavelmente especial. Fui o acidente que se transformou em milagre. O menino de ouro. O escolhido. O garoto que cumpriria as promessas das mais altas aspirações de minha mãe e aliviaria meu pai de sua depressão e seu desapontamento crônicos. Desde que me entendo por gente, fui levado a acreditar que era melhor, mais inteligente, mais precioso, mais merecedor que qualquer pessoa à minha volta. Só não sabia o motivo. E ainda não sei.

O que sabia instintivamente era que a tremenda necessidade de acreditar nisso, por parte de minha mãe, tinha tanto a ver com ela quanto comigo. Negá-lo ou contestá-lo seria questionar seu ser precariamente estruturado e mergulhá-la no desespero.

Fui a salvação dela. Minha chegada anunciou um tempo de fortuna crescente. Minha mera existência iria, de algum modo, ressuscitar seu péssimo casamento e redimir suas dores. Eu era luz. Era querido. Era o filho salvador. Existe, na adoração, uma espécie de hierarquia implícita. A criatura idolatrada está acima e além. Assim, eu estava sozinho. Dolorosamente sozinho. A solidão do ídolo, que desde o início é separado dos demais como especial. O ídolo existe para servir às necessidades de quem o idolatra, da pessoa que criou o objeto idolatrado. E eu era, de fato, um objeto. A adoração de minha mãe por mim parecia distanciá-la do alvo de sua adoração, como se eu ficasse diminuído caso fosse tocado. Como se, me tratando como humano, ela me transformasse em humano. Minha mãe, pelo que me lembro, nunca me abraçou nem me acariciou. Não me recordo de que ela tenha brincado comigo de pega-pega, corrido atrás de mim pelo gramado verde. Lembro-me, isso sim, de que me corrigia, me orientava, me controlava, me ensinava, me moldava, me construía. Deixei de ser o sujeito de minha vida, raramente tendo permissão para me sentir triste, chorar ou fazer travessuras.

Meu pai, Hyman, era austríaco; minha mãe, Sarah, alemã. Ambos tinham sido criados na mais severa disciplina. Seguiam as práticas de um bem conhecido e largamente popular médico alemão, o Dr. Daniel Gottlob Moritz Schreber. Esse Dr. Schreber acreditava firmemente que as crianças deviam ser ensinadas desde o início a obedecer e não chorar. A maneira de controlá-las, dizia ele, era aterrorizando-as: depois disso, os pais as dominariam para sempre. Insistia que os pais evitassem demonstrações físicas de afeto, como abraçar, acariciar e beijar.

A teoria sustentava que, negando afeto e infligindo terror e humilhação, os pais ensinariam os filhos a obedecer às figuras de autoridade, impedindo-os de agir por vontade própria. Havia regras estritas e detalhadas. A criança, seguindo-as como uma planta rebelde contida por uma treliça, cresceria forte, chegando ao pináculo da realização e do poder social e econômico.

Nem minha mãe nem meu pai toleravam qualquer desvio dos planos que haviam elaborado para mim. Como eu era o repositório de todas as suas esperanças, mostravam-se mais severos comigo que com os outros filhos. Eu era o projeto deles. Devia ser moldado e aperfeiçoado. Vigiavam todos os meus movimentos. Pode-se dizer que minha mãe era retraída e fria, mas a adulação é uma oferenda poderosa, um afrodisíaco. Ela nos faz crer em uma versão muitíssimo exagerada de nós mesmos, enche-nos de confiança distorcida e sem limites, de um ímpeto agressivo que nunca arrefece.

Por dentro, durante todo esse processo, eu me sentia vulgar, apático e vazio. Minha mãe me idealizava, mas meu pai me via como preguiçoso, mimado, distraído, acomodado – um perdedor. Eu me identificava bem mais com essa versão, que explicaria minha raiva incessante. A distância entre a visão de minha mãe sobre quem eu era e a opinião que eu tinha de mim mesmo me confundia, me frustrava. Por um lado, a adoração me parecia bastante lisonjeira e massageava meu ego; por outro, minha mãe não tinha nenhum interesse ou capacidade de me ver como eu de fato era, ou seja, não me dava atenção, não me ouvia, não se preocupava comigo. Desprezava qualquer indício de fraqueza ou insegurança. Não tinha tempo nem paciência para minhas criancices.

E havia minhas irmãs. Anna, Beatrice e Rose: tinham 15, 14 e 13 anos quando nasci. Fui o brinquedo delas de estimação. O troféu.

Não conseguia me desvencilhar da sensação, sempre presente, de que eu era uma farsa e logo seria desmascarado. Não conseguia ser apenas um menino normal, com instintos irrequietos e lúdicos, devaneios e gozos travessos. Vivia às voltas com uma pressão e uma expectativa inviáveis para ser uma pessoa dotada de qualidades sobre-humanas, quando na realidade era acossado por incertezas, confusão e necessidades muito humanas.

Essa grandeza já florescente me afastou das outras crianças, que me achavam arrogante e presunçoso. Eu não era valentão, mas antes um esnobe insuportável. Ninguém parecia bom o bastante para ser meu amigo. Meus pais confirmavam essa atitude quando eu convidava alguém para brincar comigo em casa. Mostravam-se extremamente críticos e desdenhosos. Isso era bastante constrangedor, de modo que nunca mais convidei ninguém.

Fui ficando cada vez mais isolado. Não tinha com quem conversar, ninguém com quem partilhar minhas dúvidas, ninguém com quem brincar e nenhuma conexão real com outras pessoas fora dessa mítica construção de minha família. Isso gerou uma visão muito distorcida de mim mesmo e do mundo. O único contato real era com meu irmão, Milton, onze anos mais velho que eu. Dividimos o quarto por algum tempo. Ele era um sujeito profundamente infeliz e parecia direcionar sua frustração e sua inveja contra o nobre irmão. Desprezava-me e parecia se deliciar com prazeres sádicos, inventando constantemente torturas e terrores; acordava-me com gotas de álcool nos olhos, escondia formigas-vermelhas em minhas roupas de baixo, insinuava que havia algo terrivelmente errado com a forma e o tamanho de meus genitais. Às vezes, trancava-me no armário por horas e amarrava-me ao pé da cama até meus pulsos ficarem esfolados. Eu vivia no medo terrível de que um belo dia ele me machucasse de verdade ou até mesmo me matasse. Sua tortura era conduzida em segredo. Não havia ninguém a quem eu pudesse me queixar, pois denunciá-lo seria uma confissão de fraqueza e incapacidade de reação. Ele sabia muito bem disso, é claro, e sua perversidade incontida foi se desenvolvendo em formas novas e mais assustadoras. Eu sofria em silêncio, endurecendo-me e fechando-me em mim mesmo, já que não havia espaço para nenhuma expressão de vulnerabilidade ou medo. Consegui me isolar da vergonha e do terror construindo uma personalidade alternativa. Aprimorei a capacidade de não sentir nada. Aprendi a desaparecer.

Foi nessa época, suponho, que fechei as válvulas da empatia, pois sentir a dor alheia significaria, decerto, sentir a minha própria – algo absolutamente intolerável. A raiva e o terror remoídos todos os dias eram aliviados por uma obsessiva existência imaginária repleta de visões de vingança e destruição. Minha personalidade foi moldada nesse angustiante campo de batalha. Bem no fundo, tornei-me inacessível, e essas fantasias perpetuamente alimentadas acabaram por inspirar muitas de minhas ações futuras. Ninguém mais iria me humilhar, envergonhar ou ferir de novo. Não sem as piores consequências. Meu isolamento se aprofundou quando cheguei à adolescência. Com a irrupção da puberdade, tornei-me irrefreavelmente ansioso, irrequieto, agitado. Não havia lugar, dentro ou fora de mim, onde pudesse me acalmar ou me descontrair.

Estava possuído por uma energia demoníaca que, com certeza, poderia me conduzir ao crime violento, à loucura ou à catástrofe. E talvez, bem no íntimo, eu quisesse isso, uma crise capaz de abalar e erradicar permanentemente a imagem intolerável, a ideia absurda e insuportável de minha perfeição superior. Foi por mero acaso que, quando fiz 17 anos, um tio do *show business* me levou pela primeira vez a um cinema. Foi ali que uma porta se abriu e encontrei uma saída para minha desgraça. John Barrymore, Errol Flynn, Gary Cooper, Rudolph Valentino... Belos e talentosos, mas, acima de tudo, encantadores. Sim, encantadores.

Ali, naquela tela enorme, fui apresentado à noção de encanto pessoal. Aqueles homens eram capazes, por sua graça natural, de agradar e seduzir. Conseguiam manter o público profundamente absorvido, profundamente deleitado. Exerciam esse controle sem nenhum esforço. Era como se hipnotizassem os espectadores apenas pela natureza inerente a seu ser. E não se tratava apenas de sua aparência impressionante: eu era um rapaz bonito e com isso não lograva sucesso nenhum. Não, aqueles homens da tela tinham, de algum modo, a capacidade de energizar e usar seus traços com um carisma divinamente inspirado. Parecia que a beleza deles era sagaz, animada por uma energia envolvente e intangível – um dinamismo enigmático que nos mantinha sonhadores, enlouquecidos, entregues.

Eu ia ao cinema sempre que tinha oportunidade. Estudava aqueles homens. Absorvia seus mínimos movimentos, seus sorrisos, suas roupas, sua confiança, sua maneira de entrar em um quarto, sua habilidade em cativar mulheres. Comecei a andar como andavam, a posar como posavam. Aperfeiçoei o movimento casual de suas mãos ao ajeitar meus cabelos meticulosamente penteados; aperfeiçoei também seu olhar penetrante e ao mesmo tempo misterioso. Não tardei, assim, a ter uma imagem própria, não a da minha mãe, e uma ideia de quem eu queria ser: a aparência era tudo. Descobri, ainda nessa tenra idade, que a cultura norte-americana se baseia nos filmes, na fantasia. Se quiser ser bem-sucedida, a pessoa terá de se entregar por inteiro a essa criação.

O encanto pessoal era minha fortaleza. Servia a um duplo propósito. Atraía os outros, deixando-os excitados e fascinados por tempo suficiente para sucumbirem ao meu feitiço. Depois, mesmo quando eu os humilhava, feria ou atemorizava, o encanto os confundia, e, como moscas atraídas pelo mel, grudavam-se a mim, apesar de toda dor. Meu *status*, entre os colegas, se transformou de obscuro em misterioso da noite para o dia; deixei de ser repelido para ser imitado. Ignoro se alguém, então ou depois, realmente me conheceu ou me amou (e, para ser bem honesto, o que havia ali para ser amado?), mas todos me seguiam, todos me admiravam. Queriam estar perto de mim e ter qualquer coisa que eu tivesse.

Sem dúvida, era uma ilusão feérica, uma quimera – mas quem se importava? O encanto pessoal retirava a hediondez de minha grandiosidade. Amenizava minha arrogância. Eu continuava sendo esnobe, mas agora as pessoas me admiravam por isso, pois semelhante atitude parecia justificável. Nesses anos, antes de conhecer sua mãe, aperfeiçoei meu desempenho. De fato, era como se toda minha vida fosse uma grande encenação. De algum modo, essa nova e brilhante versão de mim mesmo parecia abrandar as duras críticas e o desprezo do meu pai.

Ele ficou impressionado com minha dedicação a esses modos, trajes e postura recentes e, de repente, passou a achar que eu iria ser o menino de ouro com que ele e minha mãe haviam sonhado e traria à família riqueza e posição. Minhas irmãs e minha mãe pareciam ainda mais apaixonadas, ainda mais devotadas. Eu era o novo rei, o caminho aberto a todos para um futuro glamoroso e brilhante. Até Milton, meu perverso irmão, ficou abalado e mesmo inspirado por esse jogo de aparências. Aos poucos, começou a imitar meu modo de vestir e chegava a me acompanhar ao cinema de vez em quando.

O jovem torturado e raivoso que havia dentro de mim estava agora perfeitamente disfarçado com suas vistosas roupas sob medida. Ele se vestia com confiança e elegância, parecendo, ao menos por um momento, transformar os inimigos em admiradores graças a seu estilo e seu encanto. Como bem se pode imaginar, isso não passava de um remédio sintético para o que hoje só posso identificar como uma doença da alma. Fui lançado ao mundo como o oposto exato do homem profundo, meditativo e filosófico que antes pretendia ser. Bem ao contrário, ia me tornando tudo o que secretamente desprezava.

Vejo agora, após anos de obsessiva autorreflexão no reino da morte, que não podemos, de verdade, sepultar ou ignorar nenhuma dor dentro de nós mesmos. O homem atormentado que eu me esforçava para esquecer acabava reaparecendo. Todo tempo que passei tentando soterrá-lo, toda angústia e todo sofrimento que ignorei e com que procurei não me preocupar se transformaram, por fim, em uma entidade e retornaram como o mais aterrorizante dos demônios. Na época, ele exigiu minha vida e, o mais lamentável, pelos últimos trinta e um anos tem exigido minha morte no limbo. Percebo que estou falando dele na terceira pessoa. Não tenciono, de maneira nenhuma, fugir à responsabilidade por seus atos. Era mais um sinal de quão profundamente desligado fiquei da pessoa que devo chamar de Homem Sombra.

Do mesmo modo que meus pais não prestavam atenção ao garotinho que eu de fato era, do mesmo modo que me idealizavam, transformando-me em um rei, aprendi, de minha parte, a fazer a mesma coisa comigo.

Tornei-me Deus em minha mente. Todo-poderoso e perfeito. O Homem Sombra não tinha lugar nessa história. Portanto, eu o bani como fora banido. Se ele sofria, eu ficava impaciente e mandava-o parar com aquilo. Se ele sentia medo ou dúvida, eu o atormentava com um julgamento impiedoso. Se as migalhas de sua baixa autoestima afloravam, eu o brindava com visões grandiosas de minhas proezas e conquistas. Se ele tentava me lembrar de quão longe me encontrava de meus anseios espirituais, eu o forçava a uma submissão vergonhosa, ridicularizando seus sonhos inviáveis e absurdos, ao mesmo tempo que exaltava minha fortuna em ascensão. Eu o sufocava. Eu o reduzia a nada. Mas, enquanto isso, o Homem Sombra tramava, vigiava, esperava. Sua consciência de ter sido traído, sua amargura e sua raiva ferviam como lava vulcânica borbulhando sob a superfície de minha pele. Porém, só irromperiam bem mais tarde. A constante fricção provocada pelo crescente desdém que eu sentia por mim mesmo combinada com a arrogância e a total incapacidade (ou disposição) de mudar garantiam um futuro no qual eu me tornaria cruel e violento.

O Homem Sombra, contudo, só se manifestaria com o tempo. Nos anos que se seguiram, construí uma vida de sedução, boa aparência e esnobismo. Cercava-me de gente glamorosa, da moda. Fui modelo por algum tempo e jamais alguém me viu em público desacompanhado de uma atriz espetacular ou de uma dama elegante da sociedade. Era convidado para os clubes mais exclusivos. Ascendi, aparentemente sem nenhum esforço, ao ápice da sociedade e do mundo dos negócios. Era irônico, sem dúvida, o fato de eu desprezar esses impostores e hipócritas que me acolhiam, sem que eu tivesse qualquer interesse financeiro. Achava o dinheiro indigno de mim e desagradável, apenas um meio para manter minha fachada. Mas talvez tenha sido justamente meu desdém por ele que me trouxe fortuna.

Notara que certas pessoas, muitas vezes, parecem ansiosas para agradar quem não mostra interesse nenhum por elas. Aproximam-se de alguém crítico e preconceituoso porque ele confirma sua íntima suspeita de que não passam de farsantes sem valor. Eu explorava essa fraqueza para ascender e manter minha posição. As pessoas tinham receio de mim, pois pressentiam que eu não dava a mínima para suas patéticas preocupações. Ainda assim, meu encanto e minha aparência os aturdiam e subjugavam. Minha vida era um jogo a ser dominado, uma imagem e uma figura a serem polidas e aperfeiçoadas. Eu era o que já começava a ser conhecido como um norte-americano moderno.

É aqui que sua mãe entra. Meus dias de *playboy* solteiro iam chegando ao fim: o adorável malandro se transformava rapidamente em cafajeste irresponsável. Eu estava perto dos 50 e jamais tivera um relacionamento que durasse mais de alguns meses. Disse a mim mesmo e às pessoas próximas, sobretudo às minhas irmãs mais velhas, que estava à procura da "escolhida", mas, na realidade, a ideia de casamento e família me repugnava em tudo. Viver trancafiado em casa com uma mulher chata e filhos irritantes, preso a uma rotina exaustiva, era uma perspectiva apavorante.

Foi mais ou menos nessa ocasião que conheci sua mãe. Gostaria de dizer que nos apaixonamos perdidamente, mas não foi isso que aconteceu. (Embora você deva saber que, à minha maneira, passei a amá-la com ternura.)

Nossa situação era diferente. Com vinte anos a menos que eu, sua beleza e sua juventude contrastavam gritantemente com aquele homem velho, encanecido e elegante, complementando-o. Sua mãe era um espetáculo: loira, em forma, jovem, exuberante, capaz de atrair todos os olhares. Tinha a petulância das mulheres bonitas e a passividade das que se sabem admiradas. Mas o que nos atraiu foi o fato de nos reconhecermos um no outro.

Éramos artistas da fuga, tentando escapar da prisão de um passado embrutecedor, do sufocamento de nossas famílias, de diversos aspectos de nossas personalidades sem equilíbrio. E éramos produtos de nós mesmos – sua mãe, procurando apagar todos os indícios de uma criação pobre no Meio-Oeste rural, tingiu os cabelos de loiro, mudou de nome e criou um estilo e uma personalidade à semelhança das divas do cinema. Esses dois artistas solo uniram forças em uma dupla bem-sucedida, Arthur e Chris. Fazíamos de tudo, menos dançar. Assim, quando mais tarde as pessoas começaram a nos chamar insistentemente de Cary Grant e Doris Day, concluímos que havíamos chegado lá. Não passávamos de pura invenção, de pura confecção. Só existíamos no espetáculo, e, naqueles primeiros anos, nosso desempenho funcionava.

Jantávamos e transitávamos nos mais badalados círculos de Nova York, nossas existências movidas a martíni seco. Eu já ocupava, na fábrica de sorvetes, um cargo importante. Vestíamo-nos para nossos papéis; decorávamos nossas falas e réplicas espirituosas. Não fazíamos a menor ideia de onde estávamos e, sem dúvida, não conhecíamos nada um do outro. Não aprofundávamos a conversa, quando sós: nosso compromisso era com a ascensão social, camuflado por um verniz impenetrável de modismo. Éramos dois mistérios encantadores, evocativos, insondáveis.

No início, isso funcionou bem para ambos. Tínhamos dinheiro, fascínio, aparência, *status* e bebida. Nosso sexo era superficial, também ele uma representação. Mas isso talvez seja mais do que você desejaria saber. Nosso casamento foi um arranjo justo para melhorar e sustentar nossa posição e nosso poder. Um pequeno negócio. Eu era o CEO; ela, minha secretária. No entanto, meu senso de grandeza acabou por prevalecer. Como poderia eu, com meu caráter e minha inteligência superiores, não transmitir a ninguém esse legado? Como poderia eu, com tanto encanto, aparência e perspicácia, não reproduzir? Mas, para ser honesto, acho que sua mãe e eu víamos os filhos como mero apoio para nosso estilo de vida em franca evolução.

Desde muito jovem, sempre encarei a possibilidade de ter filhos como algo aterrorizante. Uma sensação estranha de que eles me levariam a uma catástrofe imprevista. Adulto, tinha uma espécie de alergia por crianças – e elas por mim. Achava-as ao mesmo tempo perturbadoramente distantes e assustadoramente próximas. No nível superficial, elas me aborreciam e me irritavam, mas o problema era mais profundo. Aconteceu que ter filhos foi o veículo para o retorno do Homem Sombra. E hoje sei que meu instinto de não procriar estava certo.

Nunca me foi permitido ser criança. E filhos eram uma evidência inegável de quem eu havia sido: vulnerável, carente, incontrolável, bagunceiro, esperto. Eles evocavam uma insuportável ausência em mim, um incontrolável anseio e sentimentos profundos de ter sido ludibriado. Evocavam uma raiva assassina. Eu desprezava sua perpétua carência porque ela trazia à tona a minha própria.

Mas foi seu nascimento, Evie, sua chegada que me deixou ainda mais perplexo e aturdido. Nada me havia preparado para sua ternura. Nada me havia preparado para a ternura que você despertaria em mim. Logo em seus primeiros anos, eu não confiava muito em meu autocontrole quando estava com você. Toda vez que a pegava nos braços, sentindo a carne macia de seu cálido corpo de menininha, toda vez que seus dedos pequeninos apertavam os meus, de homem feito, um impulso corria pelo meu corpo. A chama dessa ligação era mais forte que qualquer coisa que eu já tivesse sentido. Mais eletrizante que conseguir o cargo de CEO, mais erótico que o orgasmo, mais místico que a prece mais contrita. A energia animava cada célula de meu ser. Deixava-me fora de mim.

Ninguém jamais me havia falado sobre esses sentimentos. Eu ignorava que fosse me sentir assim em relação à minha filha. Não conhecia o amor. Nunca fora amado. Fora, sim, adorado, idolatrado, considerado um salvador. Não degustei o néctar do seio de minha mãe, o leite que teria alimentado e preenchido minhas células, minha alma. Meu corpo não teve como absorver ou conservar essa doce euforia.

Toda vez que eu tentava me aproximar do seu corpinho, sentia-me paralisado, aterrorizado, aturdido. Sua mãe achava isso engraçado e típico dos homens de minha geração, que tinham medo da estranheza e da fragilidade dos bebês. Mas não era nada disso. Como poderia eu contar a ela que o toque em sua pele jovem me lançava em espasmos de frenesi e fervor diferentes de tudo que eu havia sentido antes, com ela ou com qualquer outra mulher? Não, não poderia lhe contar que a tenra essência daquele corpinho abrira o fecho de aço do meu coração e um desejo devorador enchia, como a um possesso, meus dias e noites de bem-aventurança e agonia. Não poderia lhe contar que você era aquilo que eu mais queria, que nenhum outro toque seria jamais como o seu, que nenhuma doçura jamais me pareceria tão doce. Eu já a havia traído.

Você foi minha energia vital que voltou para mim. O dom da paixão feito de meu próprio esperma, de minha própria carne. Você era o chamado, o convite, a selvagem invocação do sublime. Eu não diria, nem poderia dizer, nada sobre isso à sua mãe. E, assim, foram plantadas as sementes do segredo, a contínua manifestação de uma vida dupla. Tentei. Tentei ficar longe. Naqueles primeiros dias, antes de cruzar o oceano das coisas proibidas, orei a Deus para que me livrasse dessa possessão. Minhas preces, digo-o honestamente, eram pouco fervorosas e insinceras. Desejo e destino já haviam se fundido.

O Homem Sombra foi evocado por seu nascimento, reaparecendo com uma fome devoradora carregada da fúria de milhares de cavalos selvagens movidos pela adrenalina da liberdade. O senso de direito do Homem Sombra se catalisou na essência erótica da ternura daquela criança, cuja existência era, de alguma forma, a prova da existência dele: pureza, força de vida, isso era o alimento de que ele precisava para se sentir vivo. E ele esperou pacientemente, como o leão na emboscada, pronto para atacar a presa no momento certo.

A princípio, mantive distância. Mal a tocava, embora à noite fugisse para seu quarto e permanecesse ao lado do seu berço enquanto você dormia. Inclinava-me e respirava o doce aroma de seu hálito de bebê. Cobria-a com o pequeno cobertor branco; e, enquanto o enrolava em seu minúsculo corpo, vinha-me a sensação de cair, despencar em um universo de leite capaz de oferecer segurança e prazer que eu nunca experimentara. Ali, em seu altar-manjedoura, envolta em panos brancos, completamente vulnerável e confiante, você era a oferenda radiosa.

Então, você fez 5 anos. Algo aconteceu nessa idade. Seu rosto se formava como o meu, seus olhos castanhos mais plenamente vivos e aliciantes, seu corpo infantil subitamente feminino, sua esperteza revelada por um malicioso senso de humor. Você brincava comigo. Você me instigava. Parecia me conhecer como ninguém mais me havia conhecido, deleitar-se com meus modos, encontrar pleno conforto em meu abraço, procurar-me. Ao contrário da minha mãe, não tinha nenhuma imagem de quem eu deveria ser. Você me amava como eu era. Fazia-me objeto de sua adoração pura, sem limites, o eixo em torno do qual seu ser girava. Que droga poderosa! Como eu iria saber que toda filha sente isso pelo pai? Como eu poderia saber que a adoração era uma etapa necessária ao desenvolvimento da criança e não deveria ser corrompida? Em vez disso, você reafirmava minha grandeza. Ou melhor, eu a usava para ir além, pois removia dúvidas quanto ao meu embuste. Preenchia meu vazio. Nascera uma criança que percebia minha superioridade, que me idolatrava do modo como minha mãe e minhas irmãs me idolatravam, que me adorava como os outros deveriam me adorar – e o faziam.

Você era meu tesouro, minha criação, o reflexo de minha virtude e minha glória. E era muitíssimo inteligente para seus poucos anos. Intuía minhas necessidades e meu humor. Se eu estava melancólico, como muitas vezes acontecia, você pulava em meu colo e corria os dedinhos pelo meu rosto para me distrair, para afastar gentilmente minha tristeza. Se eu estava com raiva, só você se atrevia a se aproximar de mim. Fazia caretas, dançava de maneira engraçada, e eu ria. Era uma menininha carinhosa, sempre ajudando os outros, sempre muito simpática com todos à sua volta. Se alguém chorasse, você chorava também. Tinha um coração de anjo. E era minha. A filhinha do papai, meu docinho, como eu a chamava. Vejo que isso agora a incomoda. Antes, não. Docinho. Docinho. Uma crosta deliciosa, com polpa doce e tépida por dentro.

Eu fazia de tudo para me controlar e disfarçar minha obsessão, mas esse tipo de arrebatamento é impossível de esconder. Sua mãe costumava brincar dizendo que Evie era "a menina dos olhos do pai". E, de certo modo, acho que ela se sentia aliviada e encorajava essa ligação, pois esse pai não se aproximava da filha nos primeiros anos e ela se aborrecia ao ver que eu nunca estabelecia laços entre nós. Todas as forças conspiravam para nos aproximar.

A ternura. A ternura arremessando doces ondas sonoras contra as margens. Santo Deus, que ternura excruciante! Isso desapareceu aqui no limbo. O agora vazio é definido principalmente pela ausência de beleza e bondade.

Beleza e bondade eram estritamente proibidas na minha infância, confundidas com fraqueza e atitudes de efeminado. São, seguramente, duas coisas muito raras entre os vivos. Não é a ternura o que mais tememos? Nem guerra, nem ódio, nem crueldade nos colocam tanto na defensiva. Como reagir a ela? Devorando-a, tomando-a, esmagando-a? Nunca me ocorreu apenas aceitar a ternura, ficar com você, sentir, valorizar, partilhar a profundidade de minha afeição. Ao contrário, essa impressionante afeição se tornou aflição, uma maldição em chamas. Eu era vazio, despreparado. Ah, Evie, como eu gostava de você!

De que maneira tudo começou? Creio que isso seja de grande interesse para você. Como cruzamos as barreiras do permissível? Como rompemos um tabu codificado na essência do nosso DNA coletivo? A resposta é: devagar, aos poucos. Quero lembrá-la de que me orgulhava de ser moralista. Insistia em que só se dissesse a verdade. Não exigia mais dinheiro que o necessário. Acreditava na moderação sobre todas as coisas. Dei a meus filhos uma educação rígida, para que pudessem ser generosos e respeitosos com os outros. Valorizava muito minha integridade.

Mesmo nos negócios, como diretor de uma empresa, era honesto em tudo. Desprezava a ganância e o desperdício e nunca dei confiança ao *nouveau riche* vulgar, ansioso por riqueza e posses. Vocês, meus filhos, tiveram tudo de que precisavam: aparelhos para os dentes, roupas, sapatos. Além de férias anuais, piscina e aulas de balé.

Céus, aonde vou com tudo isso? Temo estar me desviando a fim de persuadi-la de minha bondade – coisa que certamente você não quer e de que não precisa. Pretendo apenas dizer que, entre o que me tornei com você e quem pensava ser, havia um grande abismo.

Tudo começou de maneira simples, facilmente encaixado no cotidiano. Tínhamos um jogo. Eu fechava os olhos e perguntava: "Onde está minha Evie? Por que fugiu, onde está escondida?".

Você, dando gritinhos de satisfação, respondia: "Aqui, papai! Estou bem aqui!". Ainda de olhos fechados, eu dizia: "Oh, para onde foi meu docinho? Por que não me ama mais?". Você puxava a perna da minha calça e sacudia minha coxa: "Estou aqui, papai! Bem aqui!". "Ah, como me sinto triste por ela ter ido embora! Por que será que ela abandonou o papai?" E você, gritando, me puxava pelos braços e pelas pernas. "Abra os olhos, papai! Abra os olhos! Estou bem aqui!" Logo depois, em pânico: "Abra os olhos, papai!". Pulava em meu colo, e seus pequeninos dedos faziam de tudo para abrir meus olhos, que eu, no entanto, cerrava com força. Então, você começava a chorar: "Papai, abra os olhos! Abra os olhos!". E, quando eu achava já ter ido longe demais, abria-os com enorme surpresa e deleite. "Ah, ela está aqui! Meu docinho! Mas não tenho certeza de que ama o papai..." Você, aproximando o rosto do meu e fitando-me nos olhos, me beijava repetidamente as faces e a fronte. "Amo você, papai, amo você!" "Não sei, não, Evie. Será mesmo?" Você ria, dava gritinhos e fingia me bater. "Você é meu papai. Todo meu, papai." "Hum, não sei... Tem certeza, Evie?" Você envolvia todo o corpo no meu, roçando a face na minha como uma gatinha selvagem no cio. Então eu a abraçava forte, levantando-a e girando-a no ar. "Acho que ama realmente o papai. Ama, sim. É minha garotinha preciosa." Você ria e suspirava aliviada, com gosto.

Mas um dia exagerei e esperei tempo demais para abrir os olhos (estaria testando sua resistência?), e você ficou desesperada. "Papai, papai, abra os olhos! Estou aqui!" "Não consigo achá-la, Evie." Você gritava, chorava, tentava freneticamente abrir meus olhos. "Abra os olhos, papai, abra os olhos! Olhe para mim, olhe para mim!" Então, pôs-se a implorar e a gemer. "Papai, abra os olhos! Abra os olhos!"

Finalmente abri, mas você já estava inconsolável. Gemia e gemia, como se diante de uma perda antiga e primitiva, como se diante da tristeza incomensurável do universo. Eu fazia de tudo para acalmá-la. Abraçava-a. Beijava-a. Em tom severo, mandava que você parasse com aquilo. Mas você não parava – ou não conseguia parar.

E ignoro por que isso aconteceu na época. Talvez estivesse abalado pela experiência da intensidade de seu apego, de quanto você precisava de mim. Ninguém antes implorara por minha atenção. Sem dúvida, foram sua absoluta vulnerabilidade e seu desespero que permitiram a ele assumir finalmente o controle, mas a realidade é que o Homem Sombra entrou. E ali, então, cruzou os portões do pecado. Começou a acariciar seu corpinho. Primeiro, para acalmar – ou, pelo menos, foi o que disse a si mesmo. Mãos lentas e suaves sobre seu peito, sobre o ligeiro deleite de seus mamilos que afloravam. Isso parecia confortá-la e descontraí-la até certo ponto. Mas parecia descontraí-lo e confortá-lo muito mais. Era o que ele queria. Descer por seu estômago macio, onde você sentia cócegas. Depois, mais suavemente, mais metodicamente, até sua calcinha de algodão. Eu sabia que devia parar por ali. Sabia que aquilo era terrivelmente errado, mas não parei. Um homem de 52 anos com uma criança de 5. Minha necessidade, meu desejo mais poderoso que seu conforto ou sua sanidade. Mão tocando e não tocando a protuberância nascente de seu doce recanto. Imperceptível a princípio. Testando, talvez. Eu usava sua disponibilidade. Abusava de sua confiança. Dizia a mim mesmo que você queria aquilo. Seu choro cessou. Meu toque era um remédio venenoso.

Eu a pus no colo, e todos os limites se dissolveram. Para além do tabu, para além da lei, existe uma galáxia de bênçãos, em cima e embaixo, em cima e embaixo. O céu inteiro parecia bradar: prossiga, não prossiga. Prossiga. Isto é contrário a tudo. Isto é seu direito. Isto é um crime. Passa das medidas. Ah, Evie, preciso parar!

Aqui, fui depressa demais. Ocorre-me agora o que me ocorreu então. Acho que isso é mais uma retomada que um acerto de contas.

Naquele dia, o Homem Sombra foi além e pôs fim à minha vida tal qual eu a conhecia. E à sua. Entrei em uma área sem ser orientado pelo racional ou o conhecido. Desatei as amarras daquilo que me definia como um ser moral e vi-me atirado permanentemente a um mar sem repouso e sem perdão. Hoje, consigo entender isso; mas, na época, a força que me possuía era tão grande e completa que empanou o discernimento racional.

Você era um anjo que desceu para salvar minha alma, e eu ansiava por salvação. Você era o dom que despertaria minhas emoções quando o que eu mais desejava era ser humano. Em minha mente distorcida, nós nos casamos, não como marido e mulher, mas em uma profundidade maior, em um pacto de nossos corpos entre si e com Deus. Você era minha, Evie. Toda minha. Especial. Aquela que eu possuía por meio da beleza, da inocência e da sabedoria, aquela que me tirava de mim, levando-me a alturas desconhecidas, me fez um fora da lei voluntário para sempre, ignorando restrições.

Na visão do Homem Sombra, a natureza clandestina desse relacionamento aprofundava nossa ligação, seu valor e sua intimidade. O segredo é uma espécie de droga infundida com Eros, perigo e risco partilhado. Era o nosso segredo. Ninguém poderia tocá-lo ou conhecê-lo. Era nosso vínculo, nosso comprometimento. O Homem Sombra se aproveitou plenamente disso. Nosso segredo era um cofre dourado onde ele podia guardá-la. Por que você contaria aos outros? Por que perderia o paraíso?

Com 5 anos, você já sabia que havia conquistado meu coração, que eu era seu, que não havia mais ninguém exceto você. Algo impressionante para qualquer criança, que lhe despertava senso de poder extraordinário e, acredito, bastante distorcido. Só precisava piscar seus belos olhos ou, delicadamente, excitar-me exibindo sua esfuziante saia curta para eu me perder. Você me provocava e lisonjeava; então, vendo-me rendido, desviava a atenção, lançando-me em frenesi estonteante. Eu mentiria se dissesse que não gostava disso. Até então, ninguém havia exercido esse tipo de poder sobre mim, comprometendo-se comigo, brincando comigo, penetrando minhas defesas. "Faça isso, Evie, faça de mim o que quiser." E assim começaram... os dias de êxtase.

Eu entrava em seu quarto nas horas de penumbra. Só me sentia vivo entre a luz do dia e a escuridão, nessa esfera crepuscular em que sonho e memória se tornam indecifráveis. Era assim que eu a controlava: nas horas sombrias em que os outros, na casa, dormiam profundamente e você estava em transe, separada do corpo. Eu me sentava em sua cama, de algum modo conduzido pelo Homem Sombra. Você fingia dormir. Como se o que acontecia não estivesse acontecendo. Você queria aquilo desesperadamente; e queria que eu fosse embora. Mas eu não ia. Nunca falava nada, não emitia som. O silêncio era minha força. As palavras destruiriam a magia, tornando-a real, feia, aquilo que ela realmente era.

Minhas mãos, como se mãos não fossem, deslizavam sobre sua pele por baixo da camisola fina. Suas pernas, Evie, esticadas sob as cobertas, ficavam muitas vezes enrijecidas. Eu, delicadamente, descia sua calcinha. Aproximava-a do rosto, inalava sua vida, inalava sua umidade. E você, de olhos ainda fechados, rezava para que aquilo terminasse. Eu abria suas pernas para examiná-la – eu, seu médico. Seu médico sórdido. Primeiro, examinava-a apenas com os dedos, para descobrir o que era preciso fazer. Examinava-a com sutileza. Tocava aqui, tocava ali, tocava de leve, tocava com mais força, a fim de encontrar o lugar merecedor de atenção, de aprofundamento.

Eu dizia a mim mesmo que isso a excitava, embora você mal estivesse respirando. Era seu médico, ocupado em curá-la. Sem dúvida, você precisava de mim. *Toque aqui. Toque aqui de novo, papai. Toque mais aqui.* Eu me convencia de que fazia aquilo por você, por você, pequena Evie, lenta e suavemente a princípio, quase nada, apenas roçando o local; depois esfregava, pressionava, esfregava e parava, esfregava de novo levemente, pressionava, pressionava, esfregava, esfregava para trás e para a frente, para trás e para a frente, esfregava, esfregava aquele lugarzinho seu, aquele lugarzinho nosso. Doutor, continue, continue, não pare, faça seu trabalho, concentre-se nesse lugar, traga-o para a vida. Vida, vida! Ah, Deus, você era vida, Evie! Vida que explodia ali, pequeno terremoto sob minha mão, fazendo a paisagem estremecer. Ah, Jesus, sinto-me doente, estou morto! Como um morto vomita se não tem um corpo?

Sinto sua repulsa, seu nojo. Sei que aquela estimulação violenta enchia seu corpinho de 5 anos de agitação, medo e pesar inexplicável. O prazer se tornava autoaniquilação, o sexo se tornava luto. Fiz isso.

Evie, de que sou feito agora? O que me envolve além da matéria? Não tanto pele quanto filamentos de vergonha, não tanto carne quanto fibras de más intenções. Levará tempo até que eu me desmascare. Cada camada dá lugar a outra, que parece mais verdadeira. Seja paciente comigo à medida que vou exumando essas verdades em decomposição. Estou terrivelmente consciente da dor que isso lhe causa. Você pediu uma autópsia da consciência, e ela vai sendo feita aos poucos, eliminando o *rigor mortis* psíquico.

Continuemos com esse acerto de contas. Haverá tempo para voltar ao problema e vê-lo por outro prisma. Por ora, prosseguirei compartilhando-o do modo como então o vivenciei, impelido por um egoísmo e um desejo absorventes, sem nenhuma autoconsciência. E, embora eu perceba que o descrever dessa maneira possa parecer uma tentativa de fuga ou de fazê-la infeliz, é como na época o experimentei. Não estava separado ou ciente do Homem Sombra como estou agora. Estava dentro dele. Minha obsessão por você apagava tudo o mais. Todos ficavam invisíveis em sua presença, todos se sentiam postos de lado. Como árvores plantadas à sombra, a família cresceu retorcida e disforme na ânsia de alcançar uma nesga de luz. E esse esforço se tornou um fardo irritante.

A certa altura, é claro, devo ter percebido que meu comportamento era monstruoso e revoltante. Mas a fome insaciável do Homem Sombra apagou minha culpa. Ele virava mesas e criticava a família, acusando-a de carente e patética. Punha todos de lado como se fossem vermes rastejantes. Só havia uma pessoa para ele – e essa pessoa era você, Evie. Não queria nem sabia esconder seus sentimentos. E a família acabou desprezando-a por isso. Eu a tornei odiosa, o que colaborou para destruí-la. Ninguém poderia me censurar. Eu era o marido. Eu era o pai. Precisavam de mim e, por isso, censuravam você, a responsável pelo abandono deles. Você era a responsável por minha raiva, pelo fato de tudo ir de mal a pior. Roubou meu coração. Baniu-os para a sombra. Seu nome era Eva e provocou a queda da família. Você era cinco em uma.

Como poderia se sentir bem consigo mesma? Era uma traidora, uma ladra, uma egoísta, uma viciada em sexo, forte, devoradora, estigmatizada e condenada, expulsa para sempre do lindo jardim deles. Nossas horas crepusculares continuaram. Mas o Homem Sombra estava profundamente ferido e voraz. A cada transgressão, outra porta para a fome se abria dentro dele. A cada infração impune, sua ousadia aumentava.

Vivíamos em dois mundos, você e eu, Evie. O dia e a noite. Mas, com o tempo, a linha entre ambos foi ficando indistinta. Meu desejo, minha adoração, minha obsessão por você eram fortes demais e começaram a sangrar.

Você me levantara dos mortos uma vez, despertara meu coração e pusera minha carne em fogo. Seu doce aroma, seu toque e sua energia infantil pulsavam em minhas veias como sangue novo. E, como um vampiro, eu agora precisava desse sangue para viver. Precisava cada vez mais. Precisava consumir cada pedacinho de você, e isso se tornou violência.

Com grande aborrecimento meu, sua mãe inventou umas férias para ela e para mim. Acho que a intenção era me afastar de casa, de você. Foram umas férias horríveis, em uma dessas ilhas deprimentes, e bebi muito. Não conseguia suportar sua ausência. Fiquei mal-humorado e desagradável.

Quando voltamos, abri a porta e esperei que você corresse para meus braços, como sempre fazia. Mas você não estava ali. Encontrei-a no andar de cima, brincando com seu irmão. Entrei no quarto. Você mal ergueu os olhos. Foi como se não me reconhecesse ou tivesse se esquecido de quem eu era. Sua mãe precisou dizer: "Evie, não vai cumprimentar seu pai?". Você se aproximou com indiferença, acenou como que aborrecida pela obrigação de cumprir um ritual e beijou meu rosto de leve. Depois se virou e, sem sequer um sorriso ou olhar, voltou ao brinquedo. Meu coração desfaleceu. *Esta não é a minha garota. O que a fez ficar assim?*

"Evie, não pode tratar melhor seu pai?", perguntei, tentando me entrosar com você de maneira bem-humorada e esconder meu pânico, minha devastação.

"Agora estou ocupada, papai."

Uma bofetada na cara. Porta fechada. Coração despedaçado.

Você competia com sua mãe. E como não iria competir? Que triângulo fui criar! Que confusão psíquica! Sua mãe se tornou sua adversária em vez de aliada. Pus minha outra esposa de lado enquanto você ficava de coração partido, abandonada. Mas, em vez de perceber que seu cérebro de 9 anos não conseguiria assimilar aquilo, fiquei fora de mim, enraivecido por sua rejeição. Como você poderia deixar de me amar quando eu lhe era totalmente devotado? Como poderia pensar que tinha poder para me afastar sendo eu seu pai?

Nunca levei em conta a dor que você sentia e o modo como encarava o fato de eu a deixar durante dias a fio para ficar com outra. Nunca parei para pensar quão doloroso era para você eu a ter feito acreditar que era única, mas apenas em segredo, sem ninguém saber. O que fiz foi abominável. Como você deve ter se sentido torturada, terrivelmente enciumada! Anos depois, manteve casos compulsivos em série com homens casados e foi então, bem sei, que esse padrão se fixou em você. Foi aí que você passou a se ver como a número dois, sempre e apenas a número dois. Nunca a primeira a se casar ou ser possuída. Nunca boa o bastante para manter o interesse amoroso de alguém. Apenas a puta visitada depois do escurecer.

Mas, na época, eu não pensava nem sentia nada disso. Começava a perdê-la. Estava em pânico. Podia sentir sua suspeita nascente, uma nova hesitação, uma nova dúvida. Você era um doce, Evie, mas também uma criança tenaz e desafiadora. Eu já não podia confiar em que permanecesse fiel a mim. Precisava exercer controle, de modo que o Homem Sombra assumiu o comando. Já nem sei se devo ir mais longe. Pergunto-me se, contando o que aconteceu depois, estarei mesmo lhe prestando um serviço. Sim, percebo que não há desculpa sem um relato meticuloso. Mas será que, desvendando as profundezas de minha crueldade e confirmando-a para você, isso pode devastar mais que curar? Conhecer os detalhes hediondos de minhas ações viciosas alimentará o ódio que você sente por si mesma ou a libertará?

Na época, tudo tinha sua própria lógica e sua trajetória, alimentadas por minha cólera diabólica. Você me traiu. Obrigou-me a ser assim. Tentava me matar negando seu amor. Era uma questão de vida ou morte. Eu teria de fazer tudo e mais alguma coisa para mantê-la em meu poder.

Naquela noite, o Homem Sombra se aproximou de sua cama, mas as regras dele haviam mudado. Estava impaciente, agressivo. Arrancou as cobertas. Abriu suas pernas num gesto rápido, com força. Empurrou-a na cama com brutalidade. Tomou o que quis.

Já não se fingia de médico: era agora caçador; você não era mais uma paciente, mas uma presa. Estava aterrorizada. Seu espanto e sua condenação envergonharam o Homem Sombra, que ficou ainda mais raivoso.

Nessa noite, desapareceu toda pretensão de igualdade. Ele era o chefe. Ele daria as ordens. Você implorou que parasse, tentou afastá-lo, estava em pânico e claramente já nem respirava. Seus olhos arregalados pareciam gritar.

Os dedos dele, agora garras agressivas, foram mais longe. Penetraram sua carne apertada e tenra, arrancando penas delicadas. Arranharam repetidamente a porta dourada de seu precioso jardim, e, quando você lhes recusou entrada, eles a forçaram. Você estremecia diante de tamanha depravação. Lutou o quanto pôde; e, por fim, parou de lutar.

O Homem Sombra estava devastando a ternura pela qual ansiava. A ternura que o deixara indefeso e exposto.

A ternura que fizera dele seu prisioneiro. Não permaneceria refém outra vez. Aquele era o território, a grande invasão do Homem Sombra.

Mesmo quando eu tocava com força suas partes íntimas com as mãos, só às vezes ficava excitado. Jamais introduzi o pênis em você. Raramente tinha uma ereção. Sentia-me estranhamente distanciado e nem um pouco envolvido. Mas por que lhe digo isso, Evie? Para você ter de mim uma ideia melhor? Pensar que não fiz o inimaginável? Convencer-se de que eu não iria tão longe?

Bem, isso seria pueril demais. Eu a estuprei, Evie. Estuprei-a como um papai médico e a estupro agora. Estuprei-a com minha cura sedutora e com meus dedos brutais. Penetrei-a vezes sem conta. Fui cada vez mais fundo no lugar onde você se sentia mais ferida. Eu a coagia, forçando-a contra a vontade. Você era o país que eu reclamava. O território do qual eu queria me apropriar. Um despojo de guerra. Não importava que eu depredasse o território e tudo o que nele crescia, desde que o possuísse, desde que ele fosse meu. Era melhor que você se partisse e se dobrasse. Assim, seria mais fácil prendê-la. E controlá-la.

Você me humilhou declarando sua independência e autonomia de pensamento, pondo em questão meu comportamento e minha lealdade. Desmascarou minha brutalidade egoísta e minha crueldade insensível – portanto, minha verdadeira natureza criminosa e fraudulenta. E ameaçou não mais me amar. Tudo isso eram crimes graves na corte de Arthur Ensler. Pensaria eu que minhas novas táticas a trariam de volta? Acreditaria mesmo que tal coisa era então possível? Ou aquilo não passava de maldade pura e exercício de poder violento? Pois o que é um estupro senão isso? É grande engano confundi-lo com sexo. O estupro é um espasmo raivoso, uma dominação brutal, um desejo de mandar e destruir. Como um míssil com sensor térmico, ele procura a parte mais vulnerável do corpo da vítima a fim de causar o maior dano. É punição, é tirania. É o sufocamento da ameaça, a erradicação voluntária de todos os limites que nos tornam humanos.

E tudo isso parecia necessário, predeterminado. Surgiu como uma onda das profundezas de meu corpo. Onda antiga, com a própria trajetória e o próprio curso. Uma terrível serpente desenroscada, um corcel fugido do confinamento e então à solta. Era glorioso, triunfal. E, como uma nuvem nuclear, pavorosamente ameaçador. O estupro é a refração distorcida de tudo quanto foi negado e desabonado nos homens liberado à velocidade máxima. Privilégio em pleno tumulto. Essas noites selvagens se arrastavam em demasia. O Homem Sombra desafiava qualquer perigo, mas as ondas de choque se projetavam para todos os lados.

Começou com terrores noturnos. Você acordava a casa com gritos horripilantes, contorcendo-se, enlouquecida no sono. Sua mãe corria para tranquilizá-la, e você a repelia, gritando: "Tire as mãos de mim! Vá embora! Saia! Não me toque!". A escuridão e o terror a tinham dominado. Você estava apavorada. Esses terrores noturnos continuaram e pareciam piorar. Você mal dormia. Perdeu o apetite. Sua mãe passou a suspeitar de que algo a possuía – e isso, é claro, era verdade. Queria levá-la a uma consulta, mas insisti que havia um histórico de distúrbios de sono em minha família. Os sinais de minha atroz pedofilia estavam começando a aparecer.

Então, as terríveis infecções se manifestaram. Sua mãe a encontrou no banheiro, chorando logo de manhã. "Queimando": você gritava que estava queimando, com as mãos entre as pernas, contorcendo-se e gemendo, contorcendo-se e chorando. Nada a acalmava. Estava histérica. Pelo menos três vezes, sua mãe a levou ao médico. Infecção crônica no trato urinário foi o diagnóstico. Mas ninguém sabia como essa infecção começara. "O que aconteceu com a nossa menina, Arthur? Como isso aconteceu com ela de repente?" Eu farejava suas suspeitas. E, ao mesmo tempo que estava prestes a ser apanhado, ficou claro que alguma força a havia subjugado, levando-a a uma direção muito ruim. Seus modos mudaram. Você se mostrou subitamente mal-humorada e arredia. Não mais travessa, tagarela e curiosa: estava deprimida e calada.

Andava pela casa como um fantasma. Raramente erguia os olhos ou falava. Nunca lavava os cabelos, que estavam sempre emaranhados e sujos. Não conseguia se concentrar na escola e tirava notas baixas. Não passava nas provas. Parecia incapaz de recordar ou memorizar qualquer coisa. Ia se tornando estúpida. Foi rebaixada para as categorias inferiores e perdeu os amigos mais próximos. As outras crianças percebiam seu desespero e evitavam-na como a uma pestilenta, quando não a provocavam ou insultavam. Eu a desprezava por essa fraqueza. Mas acaso poderia admitir que era o culpado de tamanha decadência? Como me seria possível tolerar a consequência óbvia de minha brutalidade? Em vez disso, eu a humilhei ainda mais, convencendo-a de que sua própria maldade era responsável pelo acontecido. De que meu docinho havia, por meio de obstinação e rejeição, se tornado uma garota suja, desavergonhada.

Foi mais ou menos nessa época que nos chamaram em sua escola. Você tinha uns 10 anos. Encontramos você na diretoria, os olhos vermelhos de chorar, o vestidinho amarrotado e sujo. Dois meninos a perseguiram na saída, ao final do dia; na praça, atiraram-na no chão e desceram sua calcinha diante de centenas de crianças que apenas observavam. Você estava inconsolável, chorosa e patética. Eu, furioso, censurei-a. Mandei que parasse de chorar. Como fora capaz de criar uma situação dessas e permitir que acontecesse? Que diabos havia feito para que os garotos chegassem àquele ponto? Achei que os provocara, como havia me provocado. Virei a mesa. Nunca lhe pedi que explicasse o fato. Não a confortei nem a defendi.

Nessa noite, fui até sua cama. Esperava desfazer tudo com um simples corretivo amigável? Acreditava realmente que umas poucas palavras de consolo e um toque carinhoso mudariam tudo como em um passe de mágica? Ah, o pensamento mágico! Eu havia partido esse delicado vaso de porcelana em mil estilhaços e nenhum gesto de doçura ou encantamento o reconstituiria. Tão logo entrei no quarto, senti uma energia venenosa no ar. Você estava deitada de lado, como grudada na parede. O Homem Sombra a tocou e tentou virá-la, mas você estava fria, rígida como um cadáver. Mesmo o Homem Sombra se deteve. Sacudiu-a e farejou-a como um cão em pânico diante de um dono imóvel. Sussurrou: "Vire-se, Evie, vire-se. Acorde. Olhe para mim". Você continuou rígida. Sem respiração, sem movimento, sem calor no corpo pequenino. Parecia que se desprendera de si mesma e fora procurar uma nova família em outra parte. Parecia que me deixara para nunca mais voltar. "Evie, acorde, vire-se, volte. Estou aqui." Nem um sopro, nem um movimento, nem um som. Estava mesmo morta ou agia como uma presa se protegendo do predador, mergulhando em estado de tanatose?

Senti-me mal. Eu havia feito aquilo. Eu a matara, assassinara a alma da criatura que mais amava e que me dera vida. Violentara seu corpo, traíra sua confiança. Arrancara o pavio aceso da vela mais brilhante entre todas. Queria cair de joelhos, gritar e pedir perdão. Sacudi-a repetidas vezes, para trazê-la de volta. "Acorde, Evie, acorde!" Seu corpo continuou rígido, por mais que eu tentasse virá-la. Sacudi-a com mais e mais força.

Então, você abriu os olhos. Não piscou nem olhou na minha direção. Em vez disso, estava com o olhar perdido, como se contemplasse outro universo, um universo capaz de preservar seus segredos mais profundos. Um universo que abrigasse seu coração ferido. Um universo para o qual eu jamais seria convidado. Eu havia perdido você. Era um assassino de almas.

O Homem Sombra podia ser muitas coisas, mas nunca um necrófilo. Essa foi a última vez que a visitou em seu quarto, à noite. Você se fizera de morta para que ele não lhe arrancasse mais vida. Isso, porém, não significava que o Homem Sombra não estivesse furioso e sedento de vingança. Dias depois, você cortou o cabelo com raiva, deixando-o parecido com uma grenha hedionda. Depois disso, recusou-se a usar vestidos. Vestia-se apenas como menino. De um dia para o outro, sua personalidade mudou: você se tornou petulante e obstinada. Sua resposta a qualquer pergunta era um *Não!* insolente. Nunca sorria. Exigia que a família a chamasse de Eve e recusava-se a atender por Evie, apelido que me era tão caro. Jamais pedia ajuda ou se mostrava necessitada de alguma coisa. Não deixava que ninguém se aproximasse.

Seu belo rosto perdeu a beleza. Seus lábios murcharam, suas bochechas e sua testa se contraíram em uma careta constante. Andava inclinada para a frente, recusando-se a permanecer ereta. Suas maneiras à mesa eram repugnantes. Seus olhos castanhos, outrora faiscantes, eram agora um rio lamacento de autopiedade e tristeza. Seu cabelo, ou o que restava dele, perdeu o brilho. Você ia se tornando rapidamente uma garota aborrecida, irritante, desagradável.

E eu a desprezava por isso – a vítima de meu crime me atormentando por viver em minha casa, obrigando-me a testemunhar diariamente a ruína e a decomposição de seu jovem ser. Forçando-me a encarar as consequências de minhas ações desprezíveis. Isso era intolerável. Era insano. Para onde fora minha Evie? Meu docinho? Eu, é claro, sabia a resposta. Sua confiança, sua força luminosa, sua bondade, sua beleza eram demais para mim, e, portanto, eu as violei, invadi, esmaguei e desfigurei tanto quanto a você própria. Então, depois que se transformou em uma criatura amargamente ferida, senti-me ofendido e a censurei. Soneguei meu amor. Sim, soneguei meu amor de você. E nunca o devolvi. Depois disso, vivi para magoá-la. Para magoá-la por causa de suas feridas expostas. Começou assim o reinado da punição, da violência, do terror.

Lembro-me perfeitamente da noite em que tudo teve início. Você estava diante de mim e mal acabara de completar 10 anos. Toda encurvada, vestia uma camiseta encardida que eu lhe pedira mil vezes para não usar. Perguntou se poderia passar a noite na casa de sua amiguinha Judy. Mostrava-se docemente manipuladora, esperando que aquele pedido meigo escondesse seu desespero. Eu disse não. Com firmeza. Não sei por quê. Talvez por saber que era algo que você queria ansiosamente. Por você estar decidida a manifestar sua autonomia. Ou talvez por não existir mais nada em você de que eu gostasse, não desejando por isso lhe dar coisa alguma.

Você franziu o cenho e exibiu uma expressão terrível. Não gostou de ouvir aquilo. Eu lhe disse: "Sorria quando eu lhe disser algo, sorria quando eu lhe der uma resposta". Você não sorriu. Continuou: "Por quê? Judy mora perto, nesta mesma rua, e não vou ter aula. Fizemos planos". Garota impertinente! Como ousava questionar minha autoridade? "Não é justo, papai. Qual é o motivo?" "Eu disse não, Eve. Isso basta. Não preciso lhe dar explicações." De novo, ordenei-lhe que sorrisse. Você não sorriu. Olhou-me com desprezo. "Vou lhe dar mais uma chance." Minha raiva fervia, meu rosto estava em brasa. E você esperou quanto pôde, pressionando-me e desafiando-me a passar dos limites. Então, pôs nos lábios um esgar desrespeitoso, um sorriso de desprezo que ignorava e ironizava minha ordem.

De repente, o Homem Sombra se ergueu e, com toda força, esbofeteou seu rosto rebelde. Seu corpo inteiro se projetou pelo recinto até bater na parede e desabar como uma frágil boneca de trapo sobre o tapete. E, em meio às lágrimas e ao choque, você esboçou o mais perverso dos sorrisos. Sorria sem parar, como se fosse uma boneca-robô com defeito. Não pararia nunca de sorrir. Já não estava ali. Era como se Evie tivesse sido substituída por uma nova Eve, por um fantasma ousado que agora assumia as rédeas. Homem Sombra *versus* Eve Sombra. A guerra fora declarada.

Sua mãe ficou muda de espanto, mas, curiosamente, não interveio. Acho até que ela esperava e ansiava por esse momento, quando o feitiço se romperia, e eu, denunciando você, voltaria para ela. A família inteira emitiu um suspiro coletivo. Todos estavam agora na fileira da frente, assistindo a esse drama intenso e brutal em que minha adoração obsessiva e minha devoção absoluta à pequena Eve foram publicamente assassinadas.

Depois de ter sido desprezada e ignorada por tantos anos, a família se sentia felicíssima por alistar-se em meu nobre exército. Agora, o inimigo era Eve. Não o marido e o pai. De bom grado se ligaram a mim, provendo-me de informações para meus castigos diários e garantindo o banimento permanente da garota. Nesse dia, você foi expulsa do paraíso. Outrora tida na mais alta estima, viu-se lançada abaixo para viver lá fora, no pó. Outrora o centro de meu coração apaixonado, acabou atirada ao purgatório.

Ao contar-lhe isso, sou dominado pelo horror e pelo remorso, sentindo pela primeira vez o que você deve ter sentido. Choque. Descrença. Solidão absoluta. Ser exilado, acreditar que você era tudo e descobrir que, de um golpe, acabou em nada. Como você conseguiria, aos dez anos, enfrentar essa situação? Como poderia pedir ajuda quando, por minha causa, tudo estava contra você? Como não enlouqueceria se era agora o veículo de todas as coisas ruins e enganosas? Bode expiatório estigmatizado, você se tornou, naquele momento, o receptáculo dos pecados de seu pai. Noto que estremeceu. Eu lhe avisei que isso não seria fácil.

Caso sirva de consolo, a morte de meu amor por você também significou, no fundo, a minha morte. Tudo que era amargo e odioso se espalhou como metástase dentro de mim. Fiquei deprimido e cronicamente desapontado. Bebia muito. Já perto dos 60 anos, meu encanto esmaecia. Minha impaciência, minha arrogância e minha intolerância fizeram nosso círculo se encolher. Estávamos cada vez mais isolados, e, embora sua mãe tivesse me reconquistado, recebera um monstro.

O modo como minhas ações me afetavam não deve, é claro, incomodá-la (talvez uma sofrida reminiscência de minhas palavras após espancá-la: eu dizia que aquilo doía mais em mim que em você), mas saiba que há nisso certa justiça. Pois, se alguma coisa aprendi aqui, nesta esfera torturante, é que não há sofrimento conscientemente infligido a alguém que não volte para nós dez vezes ampliado.

Eu era bem versado e experiente na arte de destruir pessoas. Não havia, desde a mais tenra infância, sido destruído, arrancado de mim mesmo, forçado a assumir uma personalidade grandiosa e impossível? Meus pais, em busca de seu Divino Rei, não haviam anulado quaisquer resquícios de vulnerabilidade, empatia, humildade, humanidade ou dúvida em mim? Não haviam, por meio das mais rigorosas técnicas alemãs de educação infantil, me ensinado que a tarefa dos pais era remover, com repreensão e vara, toda a maldade e a teimosia da criança? Que a desobediência não passava de guerra contra os pais e a obstinação devia ser combatida com pancadas?

As marcas desse treinamento ficaram profundamente impressas em mim, sem falar que os anos angustiantes passados com meu irmão Milton me forneceram ferramentas adicionais para infligir tormento. Reconheço isso agora, mas, na época, não tinha consciência do que acontecia. Na realidade, a negação da violência e da crueldade que suportei de meus pais e de Milton foi o que me permitiu praticar uma violência ainda mais profunda, mais devastadora contra você. E com uma missão adicional, premente: mantê-la submissa e em silêncio, de modo que jamais contasse nosso segredo. Meus atos de torturador eram justificados.

Trabalhava diariamente para destruir seu caráter e sufocar sua vontade. Vivia procurando defeitos, fracassos e equívocos em você. Tornei-me brilhante nisso, sempre descobrindo suas fraquezas e aproveitando-me delas. Eu sabia, por exemplo, que você era uma menina profundamente ética. Partilhava qualquer coisa, mesmo quando a queria desesperadamente para si própria. Possuía senso implícito e exigente de lealdade. Nunca delatava seu irmão ou sua irmã, mesmo que isso a beneficiasse. Jamais consegui lançá-la contra alguém. Sabia que, para você, era muito importante ser boa. E que, de algum modo, sua vida dependia disso. Portanto, fiz de você uma pessoa errada e má. Para desestabilizá-la, porque então eu continuaria no comando. Controlaria a narrativa da família, o que fiz até o fim.

Fiz com que acreditasse em coisas sobre você mesma que não eram verdadeiras. Mas, sobretudo, induzi-a a crer que era mentirosa. Grande ironia, pois era uma menina escrupulosamente honesta. Contudo, a ameaça de meu terror e minha brutalidade crescentes tornou impossível a você dizer-me a verdade, e, toda vez que mentia, era para me pôr à prova. E por que essa honestidade me parecia tão importante? Por que se transformou em minha obsessão sem freios? A resposta é óbvia agora, após anos de perturbação interminável. Quando nosso próprio ser é controlado por uma mentira, apliquemos a tática aprendida na escola do poder e da duplicidade. Viremos o jogo. Transformemos em mentiroso quem foi vítima de nossa mentira.

Entreguemo-nos a isso de corpo e alma, embelezemos constantemente a história, repitamos a narrativa com a maior fidelidade e consistência, para que nós e os demais à nossa volta acabemos por esquecer a mentira original e, sem dúvida, percamos a compulsão, a vontade e a coragem de perseguir a verdade. Essa história não lembra muito a História? Os poderosos inventam a mentira, embalam-na e despacham-na por toda a eternidade.

A mera repetição da mentira não será suficiente, é claro, para dar consistência à narrativa ou garantir seu bom desempenho. Esse deve ser considerado um projeto mais amplo. Todo o ambiente em torno da mentira também precisa ser modificado. É necessário tornar os outros (que, consciente ou inconscientemente, conhecem a verdade) incapazes de acreditar em si mesmos e nos demais. Temos de pôr em prática um esquema que, com firmeza e segurança, os convença de sua própria estupidez e sua falta de credibilidade. Devotei muita energia e tempo a essa missão. E um dos aspectos mais curiosos disso tudo foi descobrir que, convencendo você e sua mãe de que eram imbecis, eu de fato as imbecilizei – e isso, obviamente, me fez desprezá-las ainda mais.

A credibilidade é, ao mesmo tempo, uma coisa amorfa e específica. Tem qualidades intangíveis: segurança, confiança, calma. Pessoas derrotadas e induzidas a se sentirem verdadeiras idiotas sem valor nunca conseguem alardear segurança e altivez. Alardeiam desespero, porque, de fato, estão desesperadas. Ninguém jamais acredita nelas e, por isso, recorrem a medidas extremas: emoção, hipérbole, exagero. Falam alto, gesticulam. Parecem histéricas. Você, Eve, passou a embelezar os fatos e a exagerar. Dizia-me: "Papai, quero ir dirigindo para a escola. Todos na minha classe dirigem".

Eu respondia: "Todos, Eve? Cada um deles?". E você: "Sim, sim, cada um deles". Eu replicava: "Então, traga-me o nome de cada um deles. Mostre-me quem são". Sua máscara caía. Culpa.

Era um círculo vicioso, realmente, e que eu sabia explorar. Recusamo-nos a acreditar numa pessoa. Ela exagera para provar seu argumento. O exagero, os extremos destroem sua credibilidade, e, com o tempo, ela acaba também por duvidar de si mesma, tanto quanto os outros que assistem a essa representação sem fim. A família inteira começou a zombar de você, Eve, de seus dramáticos pronunciamentos baseados em fatos insignificantes ou inexistentes, de seus rompantes quase fantasiosos a respeito de quase tudo, de suas mostras desbragadas de emoção ao contar tamanhos absurdos. Assim, o projeto se concretizou por si mesmo, e você se tornou uma pessoa em quem não se podia confiar, uma pessoa sem credibilidade.

Vejo agora que isso a despojou de sua certeza na própria seriedade e na própria inteligência. Vejo agora que foi atormentada por uma crença dolorosa e debilitante em sua estupidez perante os outros, que não precisavam recorrer à hipérbole para serem vistos e levados a sério. Foi um pouco mais difícil com sua mãe. Eu tinha de fazê-la parecer estúpida, mas não estúpida demais, ou a legitimidade de sua submissão à minha autoridade seria questionada.

Meus ataques à inteligência de sua mãe eram mais sutis e menos frequentes, precisavam ser moderados com cuidado a fim de miná-la o suficiente para garantir meu completo domínio e sua total dependência. Contudo, não deviam ser exagerados a ponto de revelar-lhe que as escolhas dela não eram realmente dela.

Sei que você está quebrando a cabeça para descobrir se foi tudo uma manobra consciente de minha parte. Terei eu concebido e manipulado metodicamente essa maldade? A resposta não é muito clara. Não mentirei aqui,

Eve: passei a desprezá-la. Você sugou minha vida. Abriu meu coração e tornou-o dependente de sangue fresco, para depois deixar de injetá-lo em minhas artérias. Eu era um privilegiado que ia se afundando. Saberia, então, que meus atos eram diabólicos? Teria senso moral para me conscientizar de que o que fazia era terrivelmente errado? Talvez. Mas mesmo em meus piores acessos de cólera, em meus ataques mais violentos, quando observava seu rosto avermelhado, as contusões em suas pernas ou o terror em seus olhos, ainda que vacilando por alguns instantes, a justificativa de meus atos sempre acobertava minha culpa e minha dúvida.

Sim, eu sentia ansiedade. Raiva. Melancolia. Por isso bebia tanto. Na época, atribuía isso ao desespero existencial, ao estresse de dirigir uma empresa; mas me ocorreu, quando descia para o limbo, que talvez houvesse, bem no fundo de mim, algo que se horrorizava com minhas ações, do mesmo modo que meu pai e meu irmão me horrorizavam. Quanta autoconsciência uma vida de privilégios e direitos concede ao privilegiado? Se nascemos em determinado paradigma, que nos convém, o que nos forçaria a olhar para fora?

Você argumentará que outros, mesmo tendo sido igualmente doutrinados, ainda assim encontraram motivação para se rebelar. A bússola interior deles mostrou que estavam indo na direção errada, e eles enveredaram por outro caminho. Nunca conheci pessoas assim. Em minha opinião, a mudança é provocada, em geral, por alguma privação ou catástrofe – algum evento ou uma série de eventos que nos mergulham na crise e no colapso. Nenhum homem que conheço se questionaria abertamente diante dos semelhantes. Nenhum admitiria derrota ou dúvida. E, como já lhe disse, a consciência de meus direitos era férrea, impenetrável. Meu senso exagerado de autoimportância repelia toda intrusão. Simplesmente jamais me ocorreu que qualquer coisa que me senti obrigado a fazer poderia estar errada.

Além disso, como na infância recebi mais alimento para o complexo de superioridade que amparo, meu narcisismo triunfou de minha solidariedade.

Seria eu um monstro frio ou um homem de coração partido e vingativo? Haverá aí alguma diferença? E isso importa? Certamente não, se levarmos em conta a dor que minha crueldade infligiu a você. Teria eu consciência do Homem Sombra? Agia como testemunha de sua brutalidade? Não poderia tê-lo detido? Eu era psicopata? Isso seria uma desculpa muito cômoda.

Não. Eu não era louco. Era um privilegiado, um homem dinâmico. Vivia acima deste mundo, acima das críticas, acima das recriminações. Fui programado para controlar, para vencer a qualquer custo. Você era minha filha. Minha propriedade. Faria o que eu a mandasse fazer. Caso não fizesse, era meu dever impor a disciplina e o castigo que a corrigissem. Fui criado assim. Fazia com os outros o que haviam feito comigo. Fazia o que me haviam ensinado a fazer. Mas há uma verdade ainda mais perversa. O Homem Sombra me empurrara para além dos limites do pecado quando você tinha 5 anos e agora estava me jogando no inferno. Sem dúvida, a educação que recebi favorecia esses métodos específicos de punição, mas era uma coisa bem mais aterrorizante. Acho quase impossível confessar. Entretanto, sinto-me agora bizarramente possuído por um poema de T. S. Eliot. Um poema sobre gatos, que muitas vezes recitei a você. Ele está soando em meus ouvidos, bloqueando tudo mais.

*O nome dos gatos é um assunto matreiro,*
*E não passatempo dos dias indolentes;*
*Podem me achar doido igual a um chapeleiro*
*Mas um Gato tem TRÊS NOMES DIFERENTES.*

Esse poema talvez pareça um ponto de partida incongruente, mas não é. Você estava com 16 anos. Tinha uma gata, que amava ternamente. Uma gata meio excêntrica, mas que a fazia feliz. Eu não ligava para animais, porém, graças a seu grande e criativo afeto por eles, consegui perceber o encanto e a magia daquele tigrinho estriado de cinza e branco. Tinha um nome esquisito. Acho que era Backhand [Dorso da Mão]. E de algum modo, em meio à guerra entre nós, aquela gata estranha conseguiu provocar em mim reações surpreendentes e agradáveis. À noite, quando ela estava no cio, ouvíamos seus miados lancinantes ecoando lá fora e a imitávamos com embaraço e deleite. Se você não estava por perto, eu a punha na cozinha, aonde nunca ia, e dava-lhe arenque em conserva. Sussurrava para ela, que se esfregava em mim e me seguia pela casa toda. Eu não conseguia esconder quanto isso me agradava. E você, ao chegar em casa, às vezes se espantava vendo-a toda enroscada e ronronando em meu colo.

Todos se deliciavam ao notar meu amor pela gata, pois nunca me surpreendiam brincando ou sendo gentil, exceto com você. Sei que valorizava meu carinho por aquela criatura peluda que amava tanto. Backhand se tornou o repositório de nossa ternura, o resquício e a lembrança do que havia se passado entre nós, mas já não podia ser expresso. Aquela criatura macia e resfolegante era a manifestação de nossa perda e do nosso anseio.

Então, o impensável aconteceu. Você tinha saído à tarde com amigos. Eu estava em casa quando ouvimos o som de pneus rangendo e, em seguida, um barulho lá fora. Sua mãe e eu saímos correndo e, para nosso horror, vimos o corpo de Backhand jazendo imóvel no meio da rua. Entrei em desespero. Aproximei-me e, sem pensar, peguei a gata nos braços. Ela estava sangrando e toda arrebentada, mas parecia respirar ainda. Nesse momento, você apareceu. Saltou do carro e correu para ver o que estava acontecendo; quando viu a gata naquele estado, aparentemente sem vida em meus braços, emitiu um grito lancinante. Um grito insuportável que invadiu as muralhas impenetráveis de minhas defesas. Chorei. Lágrimas escorreram pelo meu rosto. Lágrimas de tristeza pela vida frágil em meus braços que se fora. Lágrimas por tudo que fiz a você. Lágrimas de perda e saudade por meu descuido, por aquele presente singular e valioso que você me deu – e que eu não havia protegido, mas destruído. Lágrimas que igualavam sua dor profunda por outro consolo que lhe era tirado. Lágrimas por aquela gata, aquela companheira, aquela amiga íntima agora esmagada, despedaçada, moribunda.

Você viu essas lágrimas. Não pude ocultá-las de você, o que a fez chorar ainda mais, embora, naquele momento, não estivesse só: eu chorava também. Sentia sua dor, que era minha. Provavelmente pela primeira e única vez, uma janela se abriu para uma manifestação bondosa de meu coração torturado. Você se viu ali, Eve. E, apesar de essa janela jamais ter se aberto de novo, ela era a prova inegável de outra história. Da qual você nunca se esqueceu, estou certo disso.

Backhand não morreu. Sua bexiga fora afetada, mas ela aprendeu a fazer xixi de novo. A mandíbula, fraturada, pôde ser restaurada com outro formato. Sua cara outrora adorável e franca estava retorcida e desfigurada. Até seu sorriso se transformou numa careta. Tal como sucedera à minha Eve, a violência marcara seus traços. E, tal como sucedera à minha valente e incontrolável filha, ela tinha sete vidas. Sua vontade de sobreviver ultrapassava a preocupação com a beleza. Por que esse acontecimento me ocorre agora, no instante mais cansativo de minha confissão e minha prestação de contas? Pode parecer uma mudança bizarra de rumo, uma divagação.

Esta carta não tem sido nada fácil. Cada confissão exige rigor e detalhe, pois todas desmascaram um intento mais exigente. Cada uma me obriga a usar músculos flácidos, pouco exercitados de meu autoescrutínio moral. Cada uma me empurra para além de minha capacidade mental. Minha vida foi totalmente desprovida de autoconsciência. Nunca tive motivação ou interesse em examinar a fundo minhas razões e meu comportamento. E, se há uma coisa da qual me envergonho, é essa arrogância, essa superioridade e esse orgulho. No entanto, tornou-se a tal ponto minha natureza que não consigo me imaginar sem ela.

De outra maneira, como eu seria um homem? Meu Deus, estou morto e ainda me preocupo com ser um homem! Até no limbo quero provar isso a mim mesmo e ninguém está aqui para ver. Ou provar a Deus, talvez. Mostrar-lhe que não serei derrotado. Que, mesmo em presença da tortura eterna, não renunciarei a essa presunção.

Você me pede para questionar a própria natureza do significado de "ser um homem". Mas esse exercício pressupõe derrota.

A ironia, obviamente, é que já perdi. Entretanto, a mente é um labirinto sedutor disfarçado de gaiola. E, ironicamente, estou preso pelo simples fato de pensar que, se desistir de meu privilégio, vou me desintegrar, embora já seja uma não entidade.

Fui criado em uma época em que os homens eram elogiados por controlar e ocultar suas emoções. Admirados por seu férreo dinamismo e pela certeza do que fazer. Nunca se desculpavam. Nunca faziam perguntas. Nunca explicavam. Nunca revelavam suas intenções. Não falavam, e esse silêncio era prova de força e virilidade. Deles se esperava que dominassem o mundo e liderassem com determinação, com segurança. A existência de um homem se resumia em manter sua posição.

E mesmo na morte, separado do corpo, aparentemente sem eu, por mais absurdo que pareça, há uma parte de mim que preferiria enfrentar a eternidade no limbo torturante que renunciar a essa identidade.

Com efeito, de que outra maneira eu poderia explicar meu ser? Que outro esquema me atribuiria valor ou significado?

Ao escrever esta carta, tornou-se cada vez mais claro que essa estrutura de identidade foi a causa de grandes males para você e outros, sendo, em definitivo, a razão pela qual estou suspenso em um vórtice apavorante. Percebo agora que essa noção de masculinidade, em especial, é altamente questionável, pois, para preservá-la, cumpre recorrer a uma grande violência. E me parece que qualquer estrutura capaz de alimentar a necessidade de destruir outra pessoa não pode ser justa nem sustentável. Mas, até onde posso analisar o problema, esquecê-lo é coisa bem diferente. Resume-se, nada menos, a pedir a alguém que apague o próprio ego. É que esse modelo patriarcal foi firmemente implantado em nossa estrutura psicológica: ego, superego, *id*, homem.

Talvez a única solução seja o que você me pediu para fazer: experimentar a exata natureza dos danos infligidos, dar o melhor de mim para aceitar como meu comportamento a afetou e confiar em que a alquimia desse exercício me permitisse ser cada vez mais honesto a serviço de sua liberdade. Assim, evitei este último testemunho o máximo possível. Ele parece traiçoeiro e abrasador demais para ser impresso. Não pode ser eliminado. E o dilema que pressupõe me mordeu e me perseguiu como um demônio, não me dando trégua. Teria eu, em seus anos de adolescente, pensado em matá-la? E com total consciência? Uma coisa eu sei: houve mais de uma ocasião em que poderia ter tirado sua vida. Após o primeiro encontro aterrorizante, não desisti. A cada nova briga, eu me tornava mais volátil. Sabia que o álcool era combustível para o Homem Sombra e não parei de beber. Meu medo por sua segurança jamais foi fator inibitório. Na realidade, censurava-a sempre por me provocar e acreditava piamente que você era responsável por meu comportamento.

Respire fundo, Arthur, respire fundo! Que os deuses o arrastem para o inferno!

Eu queria vê-la morta, Eve. Tentei, em várias ocasiões, matá-la. Precisava matar quem já destruíra. Tinha de eliminar as provas. E você, sendo profundamente intuitiva, percebeu esse impulso filicida. Entretanto, para manter a saúde mental, devia negá-lo. De outro modo, como você poderia viver sabendo que o próprio pai conspirava, conscientemente ou não, para assassiná-la? Esse ato de negação gerou um padrão no qual você, mais tarde, permaneceria o tempo todo cega, violenta e magoada. Iria se colocar em grave perigo ao longo da vida, repetidamente, pois não conseguia percebê-lo, uma vez que lhe era muito familiar. Procuraria pessoas e situações agressivas, na esperança de que um dia se tornasse forte o bastante para vencê-las. E, o mais amedrontador, por fim seu prazer sexual acabaria associado a esse perigo.

Fiz de você uma masoquista.

Acredito também nisso: o que foi identificado em você, no início da adolescência, como impulso suicida pode ter sido, na verdade, a ânsia de finalmente ser assassinada, para se livrar daquele horror e do sofrimento perpétuos. Certos incidentes me apavoram. Conto os detalhes de cada um na esperança de que um relato específico e árduo confirme suas recordações. Faço-o para mostrar como eram profundas minha ferocidade e minha brutalidade. E para trazer à luz meu inabalável projeto de terror e tortura. Sou culpado, Eve. Era mau. Um covarde da mais alta estirpe.

Batia em uma criança duas vezes menor que eu. Espancava uma menina. Usava as mãos, os punhos, cintos e chicotes. Chamava-a dos piores nomes. Insultava cada fibra de seu ser, de seu corpo. Minha intenção era agredir e eliminar. Minhas táticas não conheciam limites. Em seguida, idiotizei-a e neguei-a, ameaçando-a caso ousasse gritar, implorar ou chorar. Não lhe concedi uma saída para sua angústia, seu terror e seu sofrimento. Agradava-me que essa agonia apodrecesse e se instalasse em você. Assim, eu deixaria minha marca. Entraria em você e instilaria meu veneno.

Incidentes horríveis sendo reencenados sem parar num vórtice sem fim de punição, já faz quinze anos. Fragmentos de eventos, objetos, estilhaços, clarões como os dos filmes antigos, com cortes rápidos entre as cenas.

\* \*

*Pizzaria. Todos juntos. Jantar em família. Sem martínis. Aborrecida. Você impaciente na cadeira. Procura alguma coisa. Sente-se direito, Eve. Fique quieta. Digo alguma coisa. Você rebate imediatamente. Garota estúpida. "Não, não sou. Estou certa." Bam!*

*O punho aterrissa no meio de seu rosto estúpido. Sangue escorrendo de seu nariz. Manchas vermelhas na toalha de mesa quadriculada de vermelho e branco. Você fica imóvel e olha com desprezo o sangue que escorria por seu rosto. A família está horrorizada.*

*"Chris, leve-a daqui. Lave-a." Sua mãe tentando arrastá-la rapidamente pelo restaurante. Você resistindo. Mostrando o rosto a todos. Embaraçando-me. Desgraçando a família.*

*Lá fora, seguro com força seu braço e levo-a pelo estacionamento. Empurro-a para dentro do carro. Choramingando no banco traseiro. "Cale essa boca, Eve. Cale essa boca suja e estúpida."*

\* \*

*Sacudido de um sono profundo. Sua mãe, nervosa e abalada. Levante-se, Arthur. Levante-se. Eve está fumando na cama. Invado o quarto.*

*Você no telhado, após pular a janela, seminua e com um cigarro. Puta. Vadia. Agarro-a e puxo-a pela janela. Bato-lhe. Machuco-a. Arrasto-a escada abaixo.*

*Ponho-a para fora. No escuro, no frio, só com as roupas de baixo. Agora viverá como uma puta no jardim, à vista de todos. Bato a porta, tranco-a. Deixo-a lá.*

\* \*

*Venha cá, Eve. Venha cá agora. Fique de pé. Encostada à parede. Quando eu falar com você, olhe para mim. Olhe para mim. Aonde foi na quinta-feira à noite? Está resmungando. Não consigo ouvi-la, Eve, fale mais alto. Aonde foi? E com quem? Quem estava com você, Eve? Não me disse que ficou sozinha após a escola? Pois não ficou. Mentiu para mim? Mentiu? Mentiu. Como ousou mentir para mim? Mentirosa suja! Mãos em volta da cabeça pendida. Mãos apertando sua cabeça contra os painéis de madeira da parede recém-instalados. Batendo. Batendo a cabeça. Cabeça dura. Quero fazê-la em pedaços e ver todas as malditas mentiras saindo. Bam, bam! Cabeça quebrada.*

*"Chris, Chris! Esta menina está totalmente pervertida. Vá, vá à cozinha e me traga uma faca." Sua mãe não se mexe. Traga a droga da faca! Sua mãe sai do quarto. E não volta.*

\* \*

*Mãos em torno de seu pescoço, estrangulando-a. Não consigo parar. Estrangulando, estrangulando. Você não respira. Seu rosto está vermelho. Engasga. Sua mãe grita: "Pare, pare! Ela não consegue respirar!". Aperto mais. Você fica azul.*

*Alguma coisa em mim não quer parar. Alguma coisa em mim quer arrancar sua estúpida vida. Aperto, aperto. Você já não respira. Sua mãe me empurra.*

\* \*

*Surpreendo-a se esgueirando para o telefone, onde fica sussurrando. Telefonemas são proibidos. "Desligue esse telefone, Eve. E venha aqui agora."*

*"Pegue meu cinto, Chris. Pegue meu cinto." Ela hesita. "Pegue-o agora!"*

*Enrolo a ponta em minha mão. Deite-se na cama, Eve. Incline-se agora. Bato repetidamente em suas pernas. Posso ver os vergões se formando.*

*Você não voltará para a escola. Não será líder de torcida. Vamos colocá-la em um reformatório e, a partir de agora, dormirá no porão com o cachorro. Arrasto-a pela escada e deixo-a no porão. De manhã, você não está. Fica fora por semanas. Não permito que sua mãe telefone para encontrá-la. Não ligamos para a escola. Não fazemos perguntas a ninguém.*

*Um belo dia, você aparece de repente. Mandei que a família agisse como se você estivesse morta. Ninguém tem permissão para reconhecê-la ou falar com você, do contrário será punido. Você fica louca. E some de novo.*

\*\*

Estou imaginando agora como o *tsunami* de pavor avassalava seu pequeno corpo e seu ser desde que tinha 5 anos. Como essa pressão diária e extraordinária fatigava e maltratava seus músculos, arrebentando as frágeis fibras de seu sistema nervoso. Sua morte violenta estava sempre presente. E cada episódio criminoso intensificava o jogo e a brutalidade.

A meu ver, era tudo em que você podia pensar. Como eu atacaria de novo, como você se defenderia... Você morreria? Vivia em perpétua ansiedade e medo, emoções que por fim se tornaram ingredientes neuróticos de seu caráter. (Sem dúvida, foi por isso que mais tarde começou a beber e a usar drogas, na tentativa de se acalmar.) Essa pressão fortíssima impossibilitou-a de pensar, estudar, brincar, sonhar, aprender, concentrar-se ou rememorar alguma coisa. Não conseguia relaxar. Não dormia.

E havia os castigos aterradores, contínuos e mais metódicos. Eu precisava achar meios de mantê-la sempre sob meu domínio, o que pressupunha punições bizarras e inventivas, um misto de humilhação, violência e sofrimento. Uma delas se destacava. Eu a chamava de Sessões de Raquete de Pingue-Pongue. Solicitava à minha secretária, Annette, que datilografasse um relato semanal em papel timbrado do meu escritório. "Da Mesa de Arthur S. Ensler." Uma lista de cada maldade, mentira ou transgressão que você tivesse perpetrado. Eu recolhia detalhes de muitas fontes e informantes da família. Toda semana, chamava-a em meu quarto. Fazia-a ler a lista em voz alta e, em seguida, pedia-lhe que enumerasse seus malfeitos. Às vezes, eram seis. Outras, dez. Nunca menos de quatro. Perguntava-lhe se tinha algo a me dizer. Você sussurrava: "Sinto muito". "Não consigo ouvi-la, Eve, não sussurre." E você, em voz bem alta: "Sinto muito". Perguntava-lhe mais uma vez, e finalmente você respondia com sinceridade, obediência, polidez: "Sinto muito, papai". Eu dizia: "Melhor assim. Agora vá e traga a raquete de pingue-pongue". Você sabia onde ela estava e qual era sua finalidade. Para cada item da lista, levava um golpe.

Mando-a baixar o *jeans* e a calcinha. Você obedece com hesitação. "Depressa. Não tenho o dia inteiro." Ordeno-lhe que se deite de bruços na cama. Você conhece o jogo. Deita-se, o traseiro nu e macio exposto, todo vulnerável, em minha cama. Tem 16 anos. Já é uma mulher. Posso ver suas mãos crispadas nas cobertas. A raquete tem uma orla de borracha verde e, quando bato com força, deixa marcas. Meu objetivo é justamente esse. Tatuar o castigo para que você não o esqueça. No primeiro golpe, você se mostra corajosa, mas depois do terceiro procura se proteger com as mãos. Mando-a afastar as mãos. Você começa a gritar: "Por favor, papai, pare! Não foi minha intenção. Por favor, está doendo. Vou me comportar bem da próxima vez". "Afaste as mãos. E não grite." Bato. Espanco. Bato. Espanco até cansar. Quando tudo acaba, você se levanta e puxa para cima a calcinha e o *jeans*. Seu corpo treme. Você está chorando. Percebo que não consegue andar direito. Manca. Isso se repete semana após semana. É nosso ritual. Você desce a calcinha e deita-se na cama. Ergo a raquete.

Então, certo dia, sua atitude mudou. Você atendeu ao meu chamado e leu a lista com firmeza. Não fez nenhuma pausa e disse com o máximo de sinceridade: "Sinto muito, papai". Saiu e voltou com a raquete. Confiantemente, baixou a calça e a calcinha. Não se agarrou às cobertas. Não gemeu, não gritou, não implorou nem chorou. Bati-lhe sete vezes. Em seguida, você se levantou. Recompôs-se. Olhou-me bem nos olhos e abriu um largo sorriso. "Obrigada, papai. Foi muito bom. Adorei. Vou fazer de novo." E saiu do quarto. Você venceu, Eve. As Sessões de Raquete de Pingue-Pongue terminaram ali mesmo. Sim, você venceu, mas a que custo? Quem e o que se tornou? Que nova entidade minha malevolência criara?

Sua raiva, suas feridas, sua dor... para onde tinham ido? Era como se você as houvesse ocultado sob essa nova personalidade endurecida e indiferente. Mas, ao contrário do Homem Sombra, que queria se vingar com raiva do mundo, você, por fim, o conquistou totalmente para si. A criatura outrora aberta e sentimental já não podia ser encontrada nem acessada. Não se podia mais tocá-la. Estava com as janelas fechadas. Tudo começou naquela noite, quando o Homem Sombra a descobriu em seu quarto aparentemente morta, mas agora já dominara sua personalidade.

Você bem que poderia ter se tornado uma pessoa das mais perigosas. Talvez a impedissem a grandeza de seu coração ou, apenas, o fato de ser uma garota indefesa; mas a coisa começou na época em que você, consciente ou inconscientemente, resolveu se destruir. Eu já não precisava levantar a mão ou erguer a voz. Você se mostrava mais violenta consigo mesma que minhas piores fantasias. E só posso dizer aqui, com profundo desespero, que logrei, graças à minha brutalidade, transformar uma garota terna e angelical, amante da vida, em uma adolescente suicida. Via com horror, desgosto e remorso você destilando uma fúria irresponsável. Isso durou anos. Você fumava e bebia sem parar. Passava quase todos os dias na escola drogada ou desorientada. Achei que andasse roubando. Saía com maus elementos, viciados, traficantes e criminosos. Fazia sexo com esses patifes, que às vezes tinham o triplo de sua idade. Engravidar era questão de tempo.

Você se tornou uma *hippie* extravagante. Não usava mais sutiã, deixou crescer os pelos das axilas, tinha aparência abominável. Tudo o que fazia era uma bofetada na minha cara. E eu sabia que a violência já não conseguiria mais nada. Mesmo quando a segurei em casa, não permitindo que saísse, você me desafiou e fugiu no meio da noite. Era imprudente ao dirigir. Queria bater o carro, ser pega, ser presa, ser destruída. Suas notas e seu desempenho na escola garantiam que não iria para a universidade nem teria futuro. Parou de comer e ficou assustadoramente magra. Agitada, não parava de balançar a perna. Mostrava-se intolerante, desagradável. Não havia nada que a colocasse novamente nos eixos.

Aos 18 anos, você passou a girar em uma louca espiral descendente, a caminho de uma tragédia irreversível ou possivelmente da morte. Atribuí isso à sua teimosia e sua perversidade. Censurei-a, envergonhei-a, magoei-a ainda mais. Nunca, por um instante sequer, tentei impedir sua queda.

Que sensação é essa em meu peito, que parece estar sendo arranhado, queimado? Ah, Eve, ah, Eve, é seu coração dentro de mim? Sinto agora o que você sentia? É demais. Oh, ansiedade, oh, solidão, oh, desespero! Desespero.

A impossibilidade cada vez maior de ter uma vida, o ódio de si mesma, a raiva sufocante de mim, de sua mãe, de sua família, do mundo impiedoso que a trouxe aqui... O medo paralisante. Nenhum lugar para ir. Ninguém entende isso. A gaiola claustrofóbica da desesperança se fechando. *Deixe-me sair. Deixe-me sair daqui, daqui.* Como conseguia respirar, Eve? Como sobreviveu?

O que está acontecendo? O nada monótono do limbo de repente se anuvia, fica escuro. Um anoitecer. Não propriamente uma noite – é mais um poço em ruínas. Devo estar despencando no inferno. Uma ferida demoníaca, cavernosa. Contrações de vergonha me dominam. Morrendo mil vezes, sem que a morte me deixe morrer. Choque atrás de choque, uma série ardente de mortandade e engano. Cada morte me liga a uma história de mortes – as que são minhas e as que não são. Rostos cruéis sem máscara. Meu Deus, essa é minha linhagem! Esse é o solo envenenado onde me criaram. Meu pai, Hyman, está aqui – como seu pai, o pai de seu pai etc. Pais que lançaram impiedosamente sua destruição sobre o mundo.

Uma cadeia de generais, conquistadores, CEOs, vigaristas, tiranos, ladrões, exploradores de todos os tipos e loucos. Morrem e ficam morrendo aqui por toda a eternidade. Esses são meus pais. Esses são os homens. Lealdade é a nossa maior vocação. A obediência vem antes da lógica, da moralidade, do bom senso. Chamaram-me aqui. Ordenaram que rompesse essa loucura com você e retomasse meu lugar na correta hierarquia masculina. Totalmente absurdo. Funcionar como uma máquina programada por toda a eternidade para provar minha força e meu valor.

Pergunto-lhe, Eve: qual era a alternativa? O que é um homem expulso do reino dos homens? Talvez você não consiga entender essa lealdade. Ela é o que nos dá propósito, significado e posição. Que terra pisaremos após o exílio? Adão desobedeceu e bem sabemos o que nos transmitiu.

Eu poderia parar por aqui. Minhas confissões já melhoraram meu karma. Esse inferno tenebroso é certamente mais suportável que o limbo anterior. Pelo menos, há a sensação da dor interminável e a agitação da morte repetida. E, ao contrário do limbo, não estou sozinho nesse recinto escuro reservado aos pais.

E não tenho dúvidas, Eve: este é o lugar que mereço.

Mas estou confundindo as coisas. Você me chamou para que eu me desculpasse. Prometi fazer o relato mais pormenorizado possível. Não prometi parar quando chegasse a um lugar mais suportável. Faço o que fazia quando vivo. Trapaceio, manipulo, coloco meus interesses acima de tudo. Os hábitos tardam a morrer.

Essas desculpas são muito mais cansativas e exigentes do que eu pensava. Quanto mais me aproximo delas, mais elas se afastam. Cada confissão pressupõe um relato aprofundado; cada reconhecimento tem outro em si. Trata-se, por certo, de uma caixa de Pandora, mas esses são males já espalhados pelo mundo. Estão por aí, disfarçados como nuvens sinistras e venenosas na psique coletiva. Torna-se cada vez mais evidente que a história invisível, não contada nem assumida, é a mais forte de todas.

Cada confissão aqui infringe um juramento de sangue feito muito antes do meu nascimento. Quem se desculpa é um traidor da pior espécie. Quantos homens, quantos pais chegam a admitir suas fraquezas e ofensas? O ato, em si, é uma traição ao código fundamental. Espalha fragmentos de culpa, como estilhaços de granada, em todas as direções. Quando um de nós erra, a estrutura e a história inteira desabam. O silêncio é nosso vínculo. O poder de não dizer nada, de não revelar nada é a arma mais antiga e eficiente do nosso arsenal. Mas há outras técnicas ensinadas em nosso manual de treinamento básico. Técnicas, de algum modo, mais incisivas e duradouras que o dano físico.

Essas técnicas, eu as usei para que você duvidasse de sua experiência, de suas percepções, de seu valor. Quantas vezes a convenci, ao praticar a maior crueldade e violação, de que o que estava experimentando não era ruim, de que suas reações eram exageradas e extremas? Quantas vezes repisei que o que você sentia como dor não era dor? Quantas vezes a acusei pelo que eu mesmo fazia? Ou lhe disse que a amava tanto que, por isso, a jogava contra a parede? Que fazia isso pelo seu bem? De quantas maneiras a confundi e a desgastei intencionalmente? Quantas acusações elaborei contra você, atraindo testemunhas e aliados para minha causa?

*Gaslighting* (abuso psicológico) diário. Até o amargo fim, deixei-a com aquelas dúvidas constantes, que a acordavam, sem fôlego, durante a noite. Você inventou tudo? Tudo era tão terrível quanto pensava se lembrar? Por que os outros não pareciam perturbados? Por que não diziam uma palavra? Algo estava errado com você? Por que não seguir em frente? Para que chamar a atenção sobre si mesma? Por que tanto estardalhaço? As coisas eram assim, e pronto! Para que sacudir a gaiola, desarranjar o ninho? Ele era seu pai e fazia o melhor que podia. Aquela era a sua família. Você era tão difícil! Por que não se adequava, pura e simplesmente? Não, tinha que ser sempre pomposa, sempre especial. Ele enfiou os dedos grossos em você quando tinha 5 anos? Pediu que sua mãe lhe trouxesse uma faca da cozinha para feri-la? Fez você sangrar, sufocar? Jogou-a pela escada? Você sobreviveu. Há coisas piores. Vamos em frente.

Sei muito bem disso porque são perguntas e incertezas que me consumiam. Passei-as para você. São as incertezas que me deixavam na expectativa, em conluio e aliança com o exército do pai.

Mas, mesmo bem nova, você rompeu as fileiras e não quis marchar. Apesar de sua rebeldia, sua confusão e sua dúvida, você, de algum modo, questionava e reagia. Agora sei: a princípio, não era apenas raiva o que eu sentia diante de sua petulância. Não; era medo. Perplexidade. Como podia uma fedelha de 10 anos ter a coragem de descumprir ordens? Como podia você, simples criança, permanecer sozinha fora do círculo? Que espírito de ousadia e valor habitava em você? Entretanto, admiração era algo que não constava em minha limitada lista de emoções, e ela logo se transformou em ressentimento e inveja. Sim, Eve, eu a invejava. Invejava sua audácia. Não podia tolerar a inabalável força da rebelião que a tornava especial e superior. Essa força punha à mostra todos os modos pelos quais traí a mim mesmo aliando-me ao poder. Essa força escancarava irremediavelmente minha frágil e complacente aquiescência, minha submissão.

Mais humilhante ainda, você insistia em contradizer às claras seu pai. Colocava-se em posição de igualdade, contestando descaradamente minha supremacia. Você, pirralha, se julgava a tal. E comprometeu minha autoridade diante de meu reino, que era minha família. Você me ofendeu, Eve. Não haveria perdão.

Isso soltou os ventos inexoráveis da ira, e, até o dia de minha morte (e mesmo depois), eles me tangeram e me possuíram.

Era uma fúria alimentada pelo orgulho e pela arrogância. Uma fúria voltada contra mim mesmo por eu estar traindo minha consciência. Uma fúria voltada contra o tédio mórbido da vida doméstica, contra filhos entediantes que jamais correspondiam às expectativas, contra o fato de eu estar me tornando um executivo idiota e uma máquina. Uma fúria insuflada pela repressão da culpa insuportável por eu a ter tocado indecentemente quando você tinha 5 anos e o terror de ser descoberto.

Uma fúria contra todas as pessoas patéticas do mundo que desperdiçavam meu tempo e nada faziam a não ser ocupar espaço.

Uma fúria que punha por terra prédios, sonhos e personalidades, devastando cega e deliberadamente tudo quanto se atravessava em seu caminho. A fúria negava minha sabedoria e minha inteligência. Manchava meu encanto pessoal. Eu já não era um homem. Era uma tempestade.

"E todas as nações dirão: Por que fez o Senhor assim com esta terra? Qual foi a causa do furor desta tão grande ira? Então se dirá: Porquanto deixaram a aliança do Senhor Deus de seus pais, que com eles tinha feito, quando os tirou do Egito. E foram, e serviram a outros deuses, e se inclinaram diante deles; deuses que eles não conheceram, e nenhum dos quais lhes tinha sido dado. Por isso a ira do Senhor se acendeu contra esta terra, para trazer sobre ela toda a maldição que está escrita neste livro. E o Senhor os arrancou da sua terra com ira, e com indignação, e com grande furor, e os lançou em outra terra como neste dia se vê."

Eu a amaldiçoei, Eve, e a expulsei de minha terra. Prejudiquei-a, ignorei-a. Sufoquei suas ambições e anulei suas possibilidades. E não havia nada, nada que você pudesse fazer para me reconquistar.

Nenhum pedido de sua mãe tocava meu coração. Não importava quanto você houvesse caído, quão perto estivesse da ruína, da pobreza ou da morte. Não importava quanto ansiasse por meu reconhecimento e meu apoio. Eu a bloqueava em tudo. Não sei como você fez, mas, após um ano em uma escola feminina de terceira classe, você deu novo rumo à sua vida acadêmica e se transferiu para uma faculdade de prestígio. Talvez se afastasse de mim, finalmente. Talvez fosse o ímpeto raivoso de provar que eu estava errado.

Quando você voltou para casa, em um feriado, mostrava ainda mais petulância e ardor. Estava descobrindo seus interesses e talentos. Declarou, ao jantar, que seria artista, escritora. Não estudaria ciências ou matemática, como eu insistentemente recomendara. Estudaria filosofia e literatura. Sua arrogância e sua segurança me irritaram. (Percebo agora que isso também era inveja.) Quem era você, aos 19 anos, para imaginar ter alguma ideia do que queria ou precisava estudar? Perguntei-lhe como pensava sobreviver escrevendo "poemas". Você respondeu que logo descobriria. Eu disse que você faria um curso preparatório para Direito ou Contabilidade. Você afirmou que não o faria. Observei que, como eu pagava seus estudos, você se prepararia para um futuro realista. "Não, não farei esses cursos. Estou tirando as maiores notas e ganharei uma bolsa. Fique com seu dinheiro."

Bum! Puxei a cadeira onde você estava sentada e levantei-a no ar para bater em sua cabeça. Mas, para meu espanto, você me enfrentou e me empurrou, quase me fazendo cair. Ergueu os punhos. "Você não precisa pagar meus estudos nem meus sonhos. E, se me tocar de novo, deixarei esta casa para sempre. Eu juro!" Meu Deus, você estava disposta a morrer por isso? Ergueria os punhos e me bateria? Fiquei boquiaberto e impressionado. Você se tornara um adversário à altura. Percebi na hora que precisava desenvolver estratégias mais eficazes e rudes para deslegitimar essa fantasia e derrotá-la. A batalha continuaria.

Você logo fora aceita na melhor escola dramática do país, preenchendo uma das seis vagas da classe. Apareceu em casa em uma de suas raras visitas para compartilhar seu entusiasmo e conquistar meu apoio. Defendeu-se. Estaria formada na faculdade em poucos meses. Era claro que queria fazer teatro. O curso oferecia o melhor treinamento e uma rede de contatos após a graduação. Não fora fácil para você ser aceita. E, de novo, a hipérbole: "Papai, isso é o máximo!". Olhando para trás, Eve, provavelmente fosse.

"Eu lhe disse há anos que, se quisesse seguir esse caminho, teria de segui-lo sozinha." "Mas não posso conseguir uma bolsa porque você é rico." "Problema seu, Eve. Fez a sua escolha. Agora, encontre a solução." Ali mesmo, acabei com seu sonho maluco. Ou, pelo menos, foi o que desejei e pensei. Na formatura, você foi a oradora principal. Quando nos sentamos, em meio a uma multidão de milhares de pessoas, ouvi sussurrarem na fileira de trás: "Parece que essa feminista radical vai falar". Concluí imediatamente que estavam se referindo a você, minha filha, e naquele instante considerei-a uma estranha. Não a conhecia. Você fugira de mim para a escola; distinguira-se e iniciara uma carreira. Eu gostaria de sentir orgulho, mas não suportava vê-la separada de mim. Quem era você para partir, abrir caminho, determinar a própria existência? Quem era você para imaginar que suas palavras e opiniões eram significativas o bastante para atrair a atenção daquela plateia? E, mais preocupante ainda, se a ouvissem, outros também não ouviriam? Fiquei sentado, imóvel, durante seu discurso; mas, para ser honesto, não ouvi uma palavra do que disse. Lá estava você, aos 22 anos, diante de uma plateia de milhares de pessoas, toda cheia de carisma e energia. O público ficou fascinado. Você recebeu uma verdadeira ovação. Fico profundamente revoltado ao confessar que isso me enfureceu e me tirou do sério. Eu é que deveria ocupar o centro do palco. Eu é que deveria merecer aquela admiração e aquela autoridade.

Então, após seu discurso, aconteceu uma coisa da qual jamais vou me esquecer. Relembrei-a aqui no limbo um milhão de vezes. Estava ansioso e perturbado, de modo que saí após o discurso para fumar. Era um dia sufocante de maio. O ar estava pesado. Você saiu no mesmo instante. Acendi seu Lucky Strike. Acendi o meu. Suas mãos ainda tremiam. Ficamos ali em silêncio, só nós dois, enquanto a cerimônia prosseguia. Foi como se o mundo tivesse conspirado para nos unir naquele instante parado no tempo. Um instante perfeito para eu elogiá-la, reconhecer sua grande conquista. E eu sabia, realmente sabia, que você, de muitas maneiras, fizera aquilo por mim, para conquistar minha aprovação e meu reconhecimento. Para mostrar que correspondera às minhas expectativas, que de fato não era preguiçosa nem estúpida. Se eu pudesse viver de novo esse instante, é o que faria. Pois sei que meu comportamento era pernicioso.

Fiquei ali de pé, estoico, frio, olhando para longe, absolutamente indiferente e silencioso, como se nada tivesse acabado de acontecer, como se eu pudesse até não ter presenciado nada.

Então, eu a senti, Eve. Seria mentira dizer que não a senti. Sabia que precisava de mim e que isso faria toda a diferença para você tanto naquele momento glorioso quanto nos anos futuros. Seria um ponto de ruptura quando você finalmente tomasse conta de si mesma, tomasse conta do seu destino.

Só dependia de minha boa vontade reconhecer seu valor e cumprimentá-la.

Mas não o fiz, não lhe dei isso. Não a ajudaria em sua caminhada. Tinha de manter as garras em você. Tinha de dominá-la e puni-la. Assim, não disse nada. Nada. Nem uma palavra. O silêncio era constrangedor. Eu já bloqueara o principal caminho para seu futuro recusando-me a lhe dar um centavo para a faculdade. Ali mesmo ignorei seu discurso não lhe dando minha aprovação. Mas o desfecho foi diabólico. Enquanto permanecíamos de pé naquela sauna absorvente de mudez castigadora, enfiei lentamente a mão no bolso. Entreguei-lhe um envelope com um cheque. Mil dólares. Entreguei-o, apertei-lhe a mão como se você fosse um cliente e com aquele gesto selássemos um negócio. Olhei-a friamente nos olhos, sem nenhum traço de afeição ou desvelo. E disse: "Tenha uma vida boa, Eve". Fim da história. Obrigação cumprida. Você quer brilhar no palco; pois bem, agora está por conta própria. Um soco no estômago de seu futuro. Seus joelhos vacilaram. Você reteve as lágrimas. Virou-se sem dizer uma palavra e afastou-se. Para ser franco, nem olhou para trás. Em vez de aquilo ser o fim da guerra, disparei um míssil de curto alcance e a destruí.

Você bebeu muito naquela noite. Sempre perdia a linha, era um vexame público. Foi o que sua mãe lhe disse um dia em que você deveria estar dançando nas nuvens; você chorou até não poder mais. Esse momento abalaria para sempre sua confiança. Dali por diante, toda vitória seria contaminada por rejeição. Nenhuma conquista seria real ou suficiente; toda realização seria para sempre anulada por um senso doloroso de perfídia e desapontamento. Eu o sei por que lancei aquela bomba mirando esse alvo e com essa intenção. Fiz isso, Eve. Queria que falhasse e fracassasse. Não queria que vencesse jamais.

Sua mãe não conseguia entender isso. Por que, perguntava ela, você gastou todo esse dinheiro com a faculdade de Eve se tenta o tempo todo prejudicá-la? Não fazia sentido. Mas havia aí uma lógica diabólica. Quanto mais independente você se tornasse, quanto mais sucesso obtivesse, menos ficaria sob meu controle. Assumiria a própria personalidade, com as próprias ideias e visão particular da realidade. Quanto mais confiável e respeitada se tornasse, maiores seriam as possibilidades de que se apresentasse como testemunha digna de fé.

Eu sabia, na época, que aquelas incursões de pesadelo no escuro haviam atormentado e destruído você – e sabia que você era desafiadora e rebelde. Questão de tempo para se vingar. Ou, pelo menos, era assim que meu cérebro paranoico pensava. Eu precisava anulá-la.

Quem eu estava punindo, Eve, quem estava tentando destruir?

O tempo todo consegui convencê-la de que você é que fizera algo terrivelmente errado. Sempre ansioso, em perpétuo estado de culpa e pavor inomináveis, transformei-a em veículo do pecado de seu pai. Você o suportou como uma guerreira. Como se essa culpa fosse uma ferida. Como se fosse uma célula mutante que mais tarde ficaria doente. Como se fosse uma letra escarlate impressa em seu corpo profanado, sinal de que era descartável e merecedora de esquecimento. Como se fosse um convite aos predadores à espreita para lhe infligirem mais danos. Você o suportou como um presságio de que não chegaria aos 30 anos. Bebeu quase até morrer, pondo-se em constante perigo, sonhando em segredo que alguém viria acabar com aquilo, sanar sua dor, desfazer a maldição. Eu observava e deixava acontecer.

Depois da faculdade, não havia estrutura que a amparasse. Você caiu daquelas inebriantes alturas. Não discursava mais. Perdeu a voz, o objetivo, o rumo. Nunca me ofereci para ajudá-la e proibi sua mãe de fazê-lo. Certa vez, fomos visitá-la em um melancólico apartamento em Nova York e a única coisa positiva que notei ali foi que não havia ratos. Quando sua mãe implorou que eu a ajudasse, gritei que você deveria se virar sozinha, pois essa é a única maneira de os filhos acharem seu caminho no mundo.

Em sua precária situação financeira, nunca lhe ofereci um centavo. Quando você ligou às quatro da manhã, embriagada e com pensamentos suicidas, obriguei sua mãe a desligar e não a deixei telefonar no dia seguinte para saber se você estava viva. Por algum tempo, você desapareceu da cidade, tragada pelas noites degradantes da libertinagem, do perigo, do desespero. Contaram-nos que estava trabalhando de garçonete em uma espelunca da máfia, sempre bêbada, vagando pelas ruas, acordando à uma hora da tarde. Ouvi dizer também que namorava um assassino.

Quereria eu que você simplesmente desaparecesse ou morresse? Esse era, por certo, meu comportamento. Ouço-a dizer: "Que espécie de pai deixaria a filha cair tão baixo? Que espécie de fúria, de raiva, poderia levá-lo tão longe? Deve haver algo mais nessa história. O que ganhava com isso?".

Aqui está a terrível verdade, Eve. Foi um prazer vê-la rastejar sem dinheiro, respeito ou futuro. Diverti-me ao vê-la cair dessas alturas grandiosas, perseguindo um futuro magnífico e inviável que você mesma projetara. Como pôde imaginar ser uma artista ou escritora enquanto eu gastava meus melhores anos vendendo sorvete sofisticado para pagar suas contas? Nada de Torá, nada de Platão: não tenho sonhos a revelar.

E isso, receio bem, abre uma lata de vermes muito mais perturbadora. Tornei-me uma pessoa que sentia prazer com seu sofrimento. O príncipe encantado se transformou no marquês de Sade.

Quando você decaiu, Eve, eu me senti melhor comigo mesmo. Você não era mais uma ameaça a meu ego ou meu valor. Você me traiu e me desobedeceu. Me abandonou, e fiquei muito satisfeito quando o mundo, corroborando minha avaliação, decretou seu castigo.

Me diverti ao saber que você não era nada sem mim ou sem minha aprovação. Tive o maior prazer em provar que você não podia mais tocar meu coração. Pois o que é o sadismo senão a ternura em desgraça?

E esse não era meu legado emocional para você: a profanação de sua confiança, a perversão de sua tendência básica a ser gentil? A transmissão desse prazer sádico e desses impulsos cruéis para a própria composição de sua natureza? Tive de perguntar muitas vezes a mim mesmo por que você nunca teve filhos. Acaso temia abrigar esses mesmos instintos em seu íntimo? Uma provocação que dura demais, um alívio secreto quando os filhos caem ou fracassam, um golpe súbito ou um empurrão inexplicável, uma criança caindo acidentalmente pela escada...

Depois de anos, você finalmente veio me visitar, mais uma vez sóbria. Estava inchada, ansiosa e extremamente frágil. Frequentava uma "comunidade" que a ajudava. Tagarelou usando clichês e chavões absurdos, proferindo tolices sobre um "poder superior". Éramos uma família não religiosa, e achei esse desvio particularmente perturbador. Eu detestava cultos e muletas. Detestava grupos de qualquer tipo. Mas pude sentir uma nova resolução em você. Você encontrara uma prancha e se agarrava a ela para sobreviver.

E, em vez de apoiar essa nova determinação, zombei de sua sobriedade, recusei-me a acreditar ou a reconhecer que você era alcoólatra, depreciei aqueles patéticos perdedores que você agora chamava de amigos. E então, para evidenciar minhas condescendência e desaprovação, preparei um martíni e o entreguei a você. Você ficou claramente chocada e recusou o drinque sem dizer nada. Ri e tentei-a ainda mais; e, vendo-a firme, lamentei que sua vida, em tão tenra idade, tivesse chegado àquele ponto.

Mas alguma coisa mudara em você. Você não reagia nem tentava se defender. Pegou um cigarro e ficou fumando sem parar. Isso me abalou, me provocou mais ainda. Você ficara subitamente fora do meu alcance. Não estava mordendo a isca. Convivia agora com um grupo com maior influência, que obviamente lhe havia ensinado táticas para me enfrentar. Fiquei furioso. Perguntei-lhe o que você estava fazendo com sua vida. Sondei-a a fundo. Disse-lhe que havia gastado uma fortuna em sua educação universitária e você não conseguira nada. Era uma garçonete sem visão nem projeto. Como fracassara! Você não retrucou. Disse que precisava dar um telefonema e saiu da sala. Quando voltou, sua mala estava pronta. Esclareceu que aquele ambiente ameaçava sua sobriedade, que ficar sóbria era sua prioridade. E logo se foi. Tudo aconteceu muito rápido. Você cortou o cordão que a sufocava e saiu pela porta. Essa ruptura fez minha cabeça girar. Fiquei pasmo e fora de mim. Quem era você para sair da minha casa, alegar uma prioridade e reivindicar um modo de vida fora do meu alcance? Quem era você para tomar sua vida nas próprias mãos? Sei que parece totalmente bizarro em retrospecto, mas mesmo no meio desse período de ira sem fim você de alguma maneira me pertencia; enquanto estivesse incapacitada e bêbada, eu seria seu dono. Enquanto estivesse confusa, você precisaria da minha aprovação e do meu consentimento.

Fico enojado dessas confissões horríveis e de mim mesmo. Fico me agitando e grunhindo sem parar, preso como um porco untuoso a girar em um espeto torto de egocentrismo gangrenado. Deus, me deixe sair de mim! Quebre esta concha insuportável! Liberte-me deste mundo subterrâneo de espelhos infinitos! Terei chegado perto de tocar a camada de veracidade e de confissão que a libertaria? Pois me parece que as desculpas repousam em uma intimidade mais primitiva. E, se a confissão é um pedido de desculpa, quem confessa deve se apresentar despojado e exposto.

Vejo agora que esse exercício não é apenas uma exibição de arrependimentos. Não, implícita em uma desculpa está a retomada das construções básicas de nosso condicionamento. E sinto que estou falhando. Mesmo agora, pergunto-me se as paredes de minha fortaleza me permitem de fato ver ou sentir você. Parei alguma vez para descobrir ou intuir que tipo de rupturas e sofrimentos essas brutais confissões estão causando em você? Você está aliviada ou chocada? Enfurecida? Sem sono e desolada? Foi finalmente vingada e se sente em chamas?

Como eu saberia disso? Você existe além dos portões de mim mesmo? É uma invenção, uma projeção, uma extensão? Um alvo, uma ameaça ou um ressentimento perene? Meus Deus, Eve, tenho vergonha de dizer que não a conheço! Bem, sei que você gostava de cogumelos marinados, arenque e picles com erva-doce, mas só porque eu também gostava. Mas não tenho ideia de quais livros você lia, de quais poemas a inspiravam na vida. Você lia Nietzsche, Emerson, Baudelaire? Que tipo de amigos a atraía? Como era a vida no teatro? Você já se apresentou? Era mesmo lésbica? Desenvolveu o gosto por alguma coisa? Aprecia o mar ou prefere os bosques, as montanhas? Por que, realmente, se tornou vegetariana? Qual foi a coisa mais ousada que já fez? Você é engraçada? Mudou-se para a cidade por minha causa? Eu deveria tê-la criado como judia? Você é matinal? Prefere rosas ou peônias? Tem gatos? Reza ou acredita em Deus? Bebe café ou chá? Como se saiu com seu filho adotivo? Já ganhou dinheiro?

Quem é você, Eve? Sinto saudade de tudo. Sinto saudade de você. Sinto sua falta.

Recusei-me a conhecer ou ver você. E essa, de certa forma, foi a privação mais destrutiva, o maior castigo. Não é o que todos nós almejamos, realmente? Ser conhecidos? Ter forma e perfil quando somos aceitos e valorizados? Pois de que outra maneira podemos confiar que estamos de fato aqui? Talvez por isso foi que me tornei tão exagerado. Como se fosse invisível para mim mesmo, como se tivesse sido apagado, precisei encontrar maneiras de experimentar minha existência e sentir meu impacto sobre os outros. Pois o que é violência senão energia dotada de substância e força?

## O PEDIDO DE DESCULPAS

Eu sabia que, desde muito jovem, você se sentiu profundamente perturbada por esse mesmo tipo de angústia existencial. Fiquei surpreso e um pouco perturbado pelo fato de isso a ter preocupado tão cedo, mas agora faz muito sentido. Você estava constantemente obcecada pela morte, fazendo perguntas sobre o que seu corpo se tornaria, para onde iria, se ele se evaporaria por completo quando chegasse a hora, desintegrando-se e desaparecendo.

Uma noite, quando você estava com cerca de 9 ou 10 anos, sua mãe e eu saímos para jantar e, na volta, encontramos a babá sentada junto à porta do banheiro, no chão. Ela era adolescente e estava claramente perturbada. Você havia assistido a um filme chamado *O Homem Invisível*, com Claude Rains, bastante impróprio para sua idade. Estava no banheiro, a cabeça sobre a pia, vomitando e gritando em uma espécie de desespero espiritual, tentando recuperar o fôlego e dizendo coisas sem nexo: "Ele tirou as bandagens em volta da cabeça, papai, e não havia nada lá, não havia nada dentro, nem cabeça, nem pessoa, nada! Para onde foi? Esteve realmente aqui? Há mesmo alguma coisa em nossos corpos? Nós existimos? Ou não somos nada? Sinto-me como se fosse nada, não quero ser nada". Então você chorou e vomitou mais. Isso se arrastou por dois dias, como se você estivesse sendo consumida por uma febre existencial.

E agora sou compelido a perguntar: quem fez de você um nada? Eu não tinha desculpas, pois sabia muito bem as consequências devastadoras de não ser visto, de desaparecer em uma família que nunca expressou nenhuma curiosidade sobre quem eu realmente era, mas determinou minha identidade baseada nos próprios projetos, medos e necessidades. Curiosidade é uma forma de generosidade. Implica o reconhecimento do outro, que exige perfurar a concha vã e inglória da autoimportância. Existiram, de fato, pessoas além de mim? Experimentei, senti ou percebi alguém que não fosse eu? Conheci alguma vez a admiração?

Quando criança, ficava impressionado com o céu, as estrelas e a magnificência da criação. Mas tudo isso foi rapidamente desencorajado e direcionado para a praticidade. Não havia tempo para lucubrações ociosas. Eu devia, como os outros meninos, me aperfeiçoar, realizar, progredir e vencer. Aquele mundo de mistério e maravilha não era para ser apreciado e reverenciado. Era para ser ocupado, conquistado e possuído.

Admiração pressupõe humildade. Entregar-se ao que é maior e desconhecido, àquele vasto e misterioso universo do qual somos minúsculos pontinhos. Eu não estava autorizado a ser uma pequena parte de nada. Tinha de estar acima, ser o melhor, alcançar o topo.

Eu me lembro: devia ter cerca de 5 anos quando um filhote de pardal caiu em minhas mãos (havia despencado de uma árvore). Senti seu pequeno coração batendo em meu punho de 5 anos. Meu coração pulsava no mesmo ritmo. Quem havia feito aquele pássaro? Quem planejara asas, bicos e garras? O pássaro teria se metido em problemas com sua mãe? Fora arremessado por ela ao chão? Fora um acidente? Estava triste? Machucado? Por que não podia voar? Ia me ensinar como se voa?

Fiquei atordoado, aterrorizado, perplexo. Era quase insuportável tê-lo tão intimamente ali na mão, mas eu não poderia deixá-lo ir. Estava na posse de um milagre. Tinha o segredo do universo fechado no punho. O tempo parou. Eu era o pássaro. O arrebatamento levado pela corrente invisível da admiração. Eu era tudo e cada coisa.

Então, fui despertado repentina e rudemente por minha mãe, que gritava de susto. "O que está fazendo, Arthur? Jogue fora esse pássaro sujo! Eles carregam doenças terríveis. Você é nojento!" Ela me sacudiu com força e arrancou o pássaro da minha mão. O filhote se estatelou no chão. Não se mexeu depois disso, e eu estava proibido de ajudá-lo ou de me aproximar dele.

Era mais do que eu poderia suportar. Chorei. Chorei perdidamente, e este foi meu maior erro. Chorar e demonstrar fraqueza. Pior que render admiração e homenagem a um filhote de passarinho.

Você pergunta: mas o que é a vida sem admiração? Uma vida monótona e sombria. Uma vida de certeza imposta e rotina compulsória. Desprovida de esplendor e emoção, com uma porta fechada ao maravilhamento.

O que acontece, então, com a paixão e o entusiasmo dos homens? Voltam-se desde o início para o domínio, a agressão e a competição.

Isso explica o desprezo e a crueldade que alimentei contra seu primeiro marido. De repente, depois de anos sem visitas, você trouxe para casa um homem com quem planejava se casar. Um irlandês católico, grosseiro, que mal sabia soletrar. O garçom de uma espelunca onde você era garçonete. Um canalha, na melhor das hipóteses. Talvez um fraudador ou um ladrão. (Bem, não há evidência disso, mas eu o tratei como tal.)

Sua mãe disse que ele era bonito e charmoso, mas para mim sua escolha foi tão arbitrária quanto levar para casa um cão vadio encontrado na rua. Não havia conversa com ele. Mas tentei? Não. Sua aparição repentina foi uma intrusão muito irritante. Estava claro que o único motivo pelo qual você queria se casar com aquele sujeito era se vingar de mim. Ele era tudo o que eu não era.

Ignorante, áspero, rude e sóbrio. No entanto, mesmo detestando aquele idiota, decidi imediatamente fazer dele meu aliado. Durante o jantar, confidenciei-lhe que você parecia uma coisa, mas na realidade era outra. Achei melhor ele estar preparado e saber no que estava se metendo. Agi como protetor, embora não tivesse nenhum interesse por ele. Então, alegremente, regalei-o com detalhes íntimos das transgressões voluntárias que você perpetrava. Contei-lhe as terríveis coisas que você tinha feito quando criança e adolescente, deixando implícito que cada uma revelava seu caráter questionável. Queixei-me de que você era a criança mais insuportável possível e me forçara a agir de forma contrária à minha natureza.

Recrutei-o como um camarada de armas em meu exército para derrotar você. Até sua mãe ficou horrorizada. Você foi pega de surpresa, humilhada e ficou furiosa. Plantei sementes de dúvida no homem com quem estava se casando – revelando seus maus instintos e descrevendo seus defeitos. Isso durou quase uma hora. No início, você riu, tentando desacreditar o que eu dizia e levar a conversa para outra direção. Mas não me intimidei. Continuei com a vingança até dar o golpe final. Declarei que tinha desistido de você e que entenderia se ele, depois de ouvir tudo aquilo, desistisse também.

Mas o casamento, de alguma forma, se concretizou.

Vejo-a agora, aos 23 anos, de pé, na frente de um altar improvisado, com um vestido branco vaporoso que descobrira em uma loja de luxo, na prateleira de itens defeituosos. Um casamento arranjado a esmo, com pedidos de ajuda e empréstimos. Recusei-me a pagar. Havia apenas *hors d'oeuvres* baratos e nenhuma bebida forte. Lá estava você, cercada por um grupo de amigos da ralé e artistas em dificuldade, em um culto realizado por um ministro piegas de uma religião da qual eu nunca ouvira falar e que em momento nenhum mencionara Deus. Vejo-a se casando com um homem cuja característica mais destacada era nunca ter batido em você. Ouço-a proferindo uma confusão inexplicável de votos que não incluíram a fidelidade. (Agora sei que jamais lhe ocorreu esperar ou exigir isso.) Vejo-a ao lado de um adolescente, filho do noivo, que você pretendia adotar e tratar como filho. De alguma maneira, estava dando a ele aquilo de que você mais precisava.

Um negro vestido com roupas africanas tocava saxofone – uma melodia triste, mais adequada a um funeral que a um casamento. Aquela música, um lamento melancólico, chegou até mim quando comecei a acompanhá-la pelo que devia ser uma nave de templo. Você me dava o braço. Talvez a primeira vez que me tocava em anos. No início, me recusei a participar de um ritual tão ridículo – entregá-

-la àquele idiota. Mas depois, no último instante, algo em mim cedeu. Sinceramente, era a oportunidade perfeita para restabelecer meu domínio e minha autoridade. Fui conduzindo-a, passo a passo, em meio à multidão de convidados; e, horrorizado, devo dizer que fiquei muito satisfeito ao perceber que aquele casamento já estava condenado.

Você escolheu um homem que era casado quando o conheceu. Acho que era a número três. E, embora partilhassem o bom humor (os dois estavam sempre rindo, o que me irritava profundamente) e fossem capazes de encontrar reconforto e estrutura na sobriedade mútua, eu sabia que ele não poderia e não seria honesto nem leal com você.

Mas o mais importante era que aquele casamento não passava de uma farsa, pois você continuava casada comigo. Apertei seu braço com mais força. Havíamos feito uma aliança silenciosa no escuro, quando você tinha apenas 5 anos. Mesmo que você compartilhasse seu corpo com aquele imbecil, ele jamais a tocaria de verdade. Nunca gozaria do triunfo e da santidade de descobrir o êxtase, porque esse êxtase você já descobrira. Jamais entraria no quarto da amada, pois eu o ocupava. E isso acabaria por levá-lo (e aos outros que viessem depois) à raiva e à perturbação – ao sentimento de que nunca poderia, de fato, ter você.

A princípio, ele verá isso como um desafio. Todo homem gosta de uma batalha. Mas depois, com o tempo, ele se sentirá vazio, estúpido e fracassado. E, quando perceber que você nunca vai se entregar a ele, embora fingindo que o faz, vai retaliá-la e fará tudo que puder para machucá-la. Esmurrará as paredes, sairá com outras mulheres e, por fim, vai trocá-la por sua melhor amiga. Tais foram os pensamentos malévolos que me ocorreram na atmosfera vulnerável do seu casamento já penoso. Tal foi a energia paralisante que instilei como veneno invisível em sua pele enquanto segurava seu braço. Tal era o homem que não a conduzia como um pai sereno e afetuoso pela nave ao encontro do amado, mas como um predador planejando e instigando-a a seu inevitável massacre.

O saxofone, mais alto agora, está gemendo e gritando. Ondas de som batendo contra as paredes encharcadas. Oh, pesar, lufadas de pesar! Girando e me esmagando em penhascos e pedras com arestas de culpa, enredados em destroços e escombros sem fim. Esse sofrimento me domina agora. As ondas ricocheteiam. Perfuram. A concha do homem estala. Que tipo de bastardo eu fui? Que tipo de destruição forjei? Menti, e menti para mim mesmo e para você.

Amaldiçoei seu futuro de amor. Aos 5 anos, apossei-me de seu corpo. Você não o deu para mim. Contaminei sua doçura. Arranquei os portões dourados de proteção do seu jardim. Traí sua confiança. Reconfigurei sua química sexual e a base do seu desejo. O erro e a emoção foram fundidos para sempre. Deixei minha mancha, minha marca fedorenta. Infectei você. Ao invadir e tiranizar seu corpo, matei seu desejo muito cedo. Você não me deu nem podia me dar permissão. Não houve nenhum consentimento. Você não me seduziu com suas anáguas de crinolina. Você era simplesmente uma criança adorável.

Estimulei em excesso seu corpo de 5 anos e plantei as sementes da intensidade e da emoção. Você passaria dos limites, consumiria heroína, saltaria de pontes, dirigiria em alta velocidade.

Eu a roubei da vida normal. Destruí sua noção de família. Forcei-a a trair sua mãe. Você viveu em culpa perpétua, odiando-se. Estabeleci a hierarquia, a desconfiança e a concorrência violenta entre você e seus irmãos. Nenhum de vocês se recuperaria disso.

Eu a privei do domínio sobre seu corpo. Você não tomava decisões. Nunca dizia "sim". Planejei isso a fim de satisfazer às minhas necessidades. Você tinha 5 anos. Eu, 52. Faltava-lhe independência. Eu a explorei, abusei de você. Tomei seu corpo. Ele não era mais seu. Tornei-a passiva. Você o deu compulsivamente a quem quisesse porque eu lhe ensinei que devia fazer isso. Forcei-a a sair de seu corpo e, como estivesse deslocada e entorpecida, não conseguia se proteger. Destruí sua segurança e sua capacidade de se defender. Fiz isso para que o estupro a excitasse. Eviscerei seus limites necessários para que você nunca soubesse o que era seu e quando dizer "não" ou como dizer "pare". Rasguei as delicadas paredes de sua vagina, tornando-as vulneráveis à doença e à infecção.

Seu corpo não disse e não poderia dizer "sim". Essa foi uma mentira conveniente que contei a mim mesmo. Você ignorava que aquilo fosse sexo. Peguei o que precisava me convencendo de que você também precisava. Explorei sua adoração. Forcei-a a manter segredo, a mentir para sua mãe, a levar uma vida dupla. Isso a dividiu. Fiz você se sentir uma prostituta. Fiz você pensar que jamais seria digna de amor legítimo. Transformei a intimidade em claustrofobia. Instilei meu veneno em você.

Destruí sua memória fazendo-a desejar esquecer tudo. Isso afetou sua inteligência e sua capacidade de armazenar fatos e tentar experiências. Roubei sua inocência. Esgotei sua força vital e fiz você achar que sua sexualidade era a causa de coisas ruins. Usei seu ser e seu corpo em proveito próprio.

Fiz tudo isso. Oh, saxofone, me leve para longe, para bem longe!

Lentamente, dolorosamente, vou rastejando como um caranguejo velho para fora do mar, agora quieto e em baixa. Desabo na areia quente e fico ali, exausto e prostrado. Por dias, meses ou anos. Recomponho-me. Sinto-me. Minhas roupas se foram. Meu sexo também. Tenho seios pequenos, pernas mais curtas e pés menores. Minha barriga é lisa. Tenho duas marcas acima do olho esquerdo. É seu rosto, Eve. É seu corpo. Estou dentro dele. Noto sangue.

Meu nariz está sangrando. Meu pescoço está dolorido por causa dos hematomas de estrangulamento. Meu traseiro dói por causa da raquete. Há vergões nas minhas coxas. Cicatrizes e feridas brotando como pústulas de lepra por todo lado. Sou a ferida e aquele que feriu. Queimo.

Rolo na areia, me jogo no mar. A água salgada irrita e agrava os cortes e ferimentos. Minha vagina arde em brasa, aperto-a e grito, é sua voz desesperada de menininha que sai da minha boca. "Pare, pare!"

A praia é vazia e vasta, nenhum pássaro, nenhum som. Alguém sabe que estou aqui? Alguém se importa? Uma voz batendo em minha cabeça: "Ninguém virá aqui. Ninguém virá aqui". Um alçapão se abre, e despenco. Despenco no vazio, na ausência, no limbo dos despossuídos.

Não sou nada. Não tenho família. Não tenho lugar. Não tenho pai. Não tenho mãe. Sou a maldade. Sou a vergonha. Sou um desgraçado.

Oh, Deus, Eve, agora vejo, estou girando há trinta e um anos no limbo torturante que fiz dentro de você, na terrível caverna da solidão que nada ou ninguém poderia preencher, no desesperado abismo de sua espera.

Ah, o que está acontecendo agora? Que raios de luz estão rompendo essa escuridão? O que são essas marcas cintilantes? Estrelas. Estrelas. Milhões delas. Sou muito grato às estrelas.

Cada uma é um rostinho brilhante, inclinando-se para ser notado, querido ou visto. Olhos ansiosos e bochechas prontas. Cada um realizando truques brilhantes na esperança de ser adotado ou resgatado. Cada estrela é uma criança luminosa que se perdeu.

## O PEDIDO DE DESCULPAS

*Eve,*

*Deixe-me dizer estas palavras:*

*Sinto muito. Sinto muito. Posso me sentar aqui na hora final? Deixe-me acertar desta vez. Envolva-me com sua ternura. Deixe-me ser frágil. Deixe-me ser vulnerável. Deixe que eu me perca. Deixe que fique quieto. Não me deixe ocupar espaço ou oprimir. Não me deixe conquistar ou destruir. Deixe que eu me banhe no êxtase. Deixe que eu seja o pai.*

*Deixe-me ser o pai que reflete sua bondade de volta para você. Não me deixe reclamar. Deixe-me testemunhar, não invadir.*

*Eve,*

*Eu a libero da aliança. Revogo a mentira. Retiro a maldição. Velho, vá embora.*

# Agradecimentos

Eu não poderia ter escrito este livro sem meu querido amigo Michael Klein, meu parteiro de voz rouca que via o que eu estava fazendo quando eu não podia ver e tinha fé quando eu me sentia ansiosa demais para respirar. Obrigada pela intensidade de sua atenção, por suas ideias inestimáveis e por existir, apenas existir.

Obrigada, Johann Hari, por seu tempo, suas preciosas observações e por me acompanhar nesse trajeto difícil. Obrigada, Sue Grand, por me sugerir uma maneira de nomear e enquadrar o terror e o pavor, pelos muitos anos de conselhos que me libertaram do inferno.

Obrigada, James Lecesne, por ser sempre meu melhor amigo e acreditar tão profundamente; e Monique Wilson, por sua constância, sua bondade e seu profundo amor. Paula Allen, por ouvir e saber; minha mamãe anjo, Carole Black, por sua orientação e direção; Jennifer Buffett, por viajar comigo e, graças às nossas viagens, tornar este livro possível.

Agradeço a Christine Schuler Deschryver, minha amiga linda e corajosa, e a todas as minhas irmãs em Bukavu que me ensinaram diariamente como transformar a dor em poder.

Obrigada ao círculo de colegas e amigos surpreendentes cujos amor e brilho são ao mesmo tempo proteção e inspiração: Rada Borić, Pat Mitchell, Diana de Vegh, Arundhati Roy, Jane Fonda. Naomi Klein, Thandie Newton, Laura Flanders, Kimberlé Crenshaw, Alixa Garcia, Nicoletta Billi. Zillah Eisenstein, Elizabeth Lesser, David Stone, Diane Paulus, Diane Borger, Ryan McKittrick, George Lane, Nancy Rose, Frank Selvaggi, Harriet Clark, Zoya, Adisa Krupalija, Peter Buffett, Mark Matousek, Rosa Clemente, Tony Porter, Ted Bunch e Farah Tanis.

Minha impressionante equipe V-Day [Dia da Vitória]: Susan Swan, Purva Panday Cullman, Carl Cheng, Leila Radan, Anju Kasturiraj, Kristina Shea (Mo e Mama C): obrigada por acionarem este movimento global e me ensinarem todos os dias o que são a solidariedade e a colaboração.

Obrigada ao meu precioso filho, Dylan McDermott, à minha filha, Maggie Q, e às minhas deslumbrantes avozinhas, Coco McDermott e Charlotte McDermott. Vocês estão em meu coração.

A Tony Montenieri, por tudo que fez e me permitiu escrever e pela bondade envolvida em cada ato.

Sou muitíssimo grata à minha brilhante editora, Nancy Miller, pela confiança total neste livro, por seu excelente e cuidadoso trabalho de edição e por me incentivar a ir mais fundo.

Abençoadas sejam as maravilhosas equipes da Bloomsbury e da Emi Battaglia.

Obrigada, Steven Barclay e Eliza Fischer e a todos da maravilhosa agência Barclay.

Sou particularmente grata a Charlotte Sheedy, minha agente extraordinária de 42 anos. Eu me curvo em gratidão à sua constância, sua fé em meu trabalho, sua lealdade e sua coragem na luta. Amo você.

Desejo agradecer ao meu irmão, Curtis, por seu grande coração, por sobreviver ao que sobrevivemos, por compartilhar uma história e certas lembranças que imploraram por desculpas.

Aos milhares de mulheres que conheci nestes últimos vinte anos em campos de refugiados, hospitais, zonas de guerra, prisões, locais de lazer, centros, faculdades, colégios, abrigos e igrejas que generosamente compartilharam suas histórias e me inspiraram diariamente a continuar lutando até que nossas filhas sejam iguais, livres e seguras.

A todos os homens que machucam mulheres, que este livro possa convencê-los a fazer os próprios relatos aprofundados e detalhados, desculpando-se para que finalmente possamos transformar e pôr fim a essa violência.